Karin Feuerstein-Praßer

Englands Königinnen aus dem Hause Hannover (1714–1901)

Verlag Friedrich Pustet
Regensburg

Umschlagmotiv:
Sophie Charlotte, Königin von Großbritannien, geb. Prinzessin von Mecklenburg-Strelitz. – Gemälde von Nathaniel Dance, 1773. Staatliche Eremitage, St. Petersburg (Aufnahme: akg-images)

Bibliografische Information der Deutschen Nationalbibliothek
Die Deutsche Nationalbibliothek verzeichnet diese Publikation in der Deutschen Nationalbibliografie; detaillierte bibliografische Angaben sind im Internet über http://dnb.d-nb.de abrufbar.

ISBN 978-3-7917-2568-0

Umschlaggestaltung: Heike Jörss, Regensburg
Satz: Vollnhals Fotosatz, Neustadt a. d. Donau
Druck und Bindung: Friedrich Pustet, Regensburg
Printed in Germany 2014

Diese Publikation ist auch als eBook erhältlich:
eISBN 978-3-7917-6018-6 (epub)

Weitere Publikationen aus unserem Programm
finden Sie auf www.verlag-pustet.de
Kontakt und Bestellungen unter verlag@pustet.de

Inhalt

Von Hannover nach London 9
Tod im Barockgarten und seine Folgen 9

Die Gefangene von Ahlden.
Sophie Dorothea von Celle (1666–1726) 13
Väterlicher „Zölibat“ 13
Gewissensbisse und eine „Gewissensehe“ 16
„Klug und artig“ – Die junge Sophie Dorothea 18
Der smarte Graf von Königsmarck 20
„Ich werde Ihre süßen Lippen küssen …“ – Der Briefwechsel 22
Hannover wird Kurfürstentum 23
Blind vor Liebe 24
Gemeinsame Fluchtpläne 26
Mord im alten Rittersaal 27
Hausarrest auf Schloss Ahlden 28
Enttäuschte Hoffnungen 31
Letzte Lebensmonate 33

Englands langjährige „First Lady“.
Caroline von Brandenburg-Ansbach (1683–1737) 35
England um 1680 35
Ein fürstliches Waisenkind 36
Neue Heimat an der Spree 38
Ein preußischer Bräutigam? 39
Die heimlichen Ehestifterinnen 41
Hochzeit in Hannover 43
Umzug nach London 45
Familienstreit 47
Königin Caroline 48
Carolines letzte Lebensjahre 50

„Ein ganz vortreffliches Mädchen“.
Charlotte von Mecklenburg-Strelitz (1744–1818) 53
Schloss Mirow 53
Kindheit im Grünen 54
Der Tod des Vaters und die Folgen 56
Englands neuer König 57
Tod der Mutter 58
Hochzeitsvorbereitungen 59
Abschied von Mecklenburg 61
Ankunft in London 62
Hochzeit im *St. James Palace* 64
Die königliche Großfamilie 65
Jenseits des Protokolls 66
Der Thronfolger – Das *Enfant terrible* des Königshauses 68
Schatten über dem Königreich – Krankheit Georgs III. und politische Missgriffe 69
Traurige Jahre im Abseits 71

Die ungekrönte „Königin der Herzen“.
Caroline von Braunschweig (1768–1821) 75
Prinzessin im Grauen Hofschloss 75
Endlich ein Bräutigam in Sicht 78
Hochzeit mit dem Prinzen von Wales 80
Carolines neues Leben in *Montague House* 83
Ein gewaltiger Verdacht 85
Die „Königin der Herzen“ 87
Caroline auf Reisen 88
Prozess gegen Caroline 92
Englands ungekrönte Königin 93

Königin wider Willen.
Adelheid von Sachsen-Meiningen (1792–1849) 97
Jugend in Meiningen 97
Ein wenig erfreulicher Heiratsantrag 99
Hochzeit mit „Silly Billi“ 100

Trauer um die früh verstorbenen Kinder ... 102
Königin Adelheid ... 103
Im Fadenkreuz der Politik ... 105
Tod Wilhelms IV. ... 107
Letzte Lebensjahre ... 108

Von der jugendlichen Königin zur schwarzen Witwe auf dem englischen Thron. Victoria (1819–1901) ... 111
Kindheit im *Kensington Palace* ... 111
Traumprinz in Sicht: Albert von Sachsen-Coburg-Gotha ... 114
Königliche Hochzeit ... 116
Im Kreis der Familie ... 117
Die Welt zu Gast in London ... 119
Vickys Hochzeit mit dem Preußenprinzen ... 121
Der schwärzeste Tag ... 123
„Mr. und Mrs. Brown" ... 126
Enttäuschungen und neue Schicksalsschläge ... 127
Schatten über den Thronjubiläen ... 129
Victorias Tod – Ende einer Epoche ... 131

Anhang ... 133
Literaturverzeichnis ... 133
Register ... 136
Bildnachweis ... 143
Stammtafeln ... 144

Als jüngste Tochter einer Stuart-Prinzessin wurde die protestantische Kurfürstin-Witwe Sophie von Hannover (1630–1714) 1701 zur „Erbin Englands" ernannt. Die alte Dame ahnte wohl, dass sie selbst den Thron nicht mehr besteigen würde. Deshalb plante sie für die Zukunft ihrer Nachkommen und bahnte – mit List und Tricks – auch die Ehe ihres Enkels an, des späteren englischen Königs Georg II.

Von Hannover nach London

Dass nach den Tudors und den Stuarts von 1714 bis 1837 deutsche Könige auf dem englischen Thron saßen – die Kurfürsten von Hannover –, war keine Laune der Geschichte, sondern lag an den weit verzweigten dynastischen Verbindungen der europäischen Monarchen. So wurde schließlich eine bemerkenswerte alte Dame zur „Urahnin“ der Hannoveraner jenseits des Ärmelkanals, und sie hätte sogar fast selbst den Thron bestiegen: Sophie von Hannover (1630–1714), eine der interessantesten Frauengestalten ihrer Zeit.

Tod im Barockgarten und seine Folgen

Der Tod kam völlig überraschend. Wie jeden Tag hatte Kurfürstin-Witwe Sophie von Hannover auch am 8. Juni 1714 zusammen mit ihren Damen einen Spaziergang durch den Großen Garten von Herrenhausen unternommen, einen von ihr selbst gestalteten Park, den sie so sehr liebte. Doch dann brach sie plötzlich zusammen, verlor das Bewusstsein und starb nur kurze Zeit später in den Armen einer ihrer Hofdamen.*

Hätte die 83-jährige Sophie nur wenige Wochen länger gelebt, dann wäre sie am Ende ihres langen, abwechslungsreichen Lebens auch noch Königin von England geworden. So aber bestieg nun ihr ältester Sohn Georg Ludwig (1660–1727) als Georg I. den Thron, der erste englische König aus dem Hause Hannover. Dass ausgerechnet ein vergleichsweise unbedeutender Kurfürst aus der deutschen Provinz eine derart glanzvolle Karriere machen konnte, hatte er nur den englischen Wurzeln seiner Mutter zu verdanken. Sophie war nämlich die Enkelin von König Jakob I. (1566–1625) aus dem Hause Stuart.

* Heute steht im Großen Garten an dieser Stelle ein Denkmal, das Sophie von Hannover in typischer Pose mit einem Buch in der Hand darstellt.

Seit dem Tod Elisabeths I. 1603 hatten die Stuarts über das Inselreich geherrscht. Doch dann starb Königin Anna im August 1714, ohne einen leiblichen Thronerben zu hinterlassen. Nun waren die Stuarts zwar eine weit verzweigte Familie, ein Teil davon war aber katholisch und somit von der Thronfolge ausgeschlossen. Auf diese Weise wollte man verhindern, dass es noch einmal, wie im 17. Jahrhundert, zu blutigen Bürgerkriegen kam.

Als Annas einziger noch lebender Sohn 1700 im Kindesalter starb, hatte man sich daher rechtzeitig auf die Suche nach einem protestantischen Thronprätendenten aus dem Hause Stuart gemacht, ganz gleich ob männlichen oder weiblichen Geschlechts. Fündig wurde man ausgerechnet in Hannover.

Hier lebte nämlich die inzwischen 71-jährige Kurfürstin-Witwe Sophie, eine Tochter der englischen Prinzessin Elisabeth Stuart, die seinerzeit mit dem pfälzischen Kurfürsten Friedrich V. verheiratet gewesen war. Friedrich V. hatte sich in der damals religiös höchst aufgeladenen Situation dazu überreden lassen, sich als Führer der protestantischen Union 1619 zum König von Böhmen krönen zu lassen. Er ging damit auf Konfrontationskurs zum Kaiser und verlor schließlich nicht nur die böhmische Krone, sondern auch seine pfälzische Heimat. Als glückloser „Winterkönig", der nur einen Winter lang auf dem Hratschin in Prag residiert hatte, ging er schließlich in die Geschichte ein. Seiner Niederlage folgte eine erbitterte militärische Auseinandersetzung, die erst 1648 mit dem Westfälischen Frieden ein Ende fand: der Dreißigjährige Krieg.

Die 1630 geborene Sophie kam als „Flüchtlingskind" in den Niederlanden zur Welt. Doch nun bot sich ihr als alter Dame die Chance, Königin von England zu werden. Ihre Geschwister – allesamt älter als sie – waren inzwischen bereits verstorben oder zum Katholizismus konvertiert, sodass sie als Thronerben nicht mehr in Frage kamen. Daher wurde Sophie 1701 durch den *Act of Settlement* zur rechtmäßigen „Erbin Englands" bestimmt.

Sophie, eine geborene Prinzessin von der Pfalz, hatte 1658 Ernst August von Braunschweig-Lüneburg geheiratet, der zunächst keine Aussicht auf eine lukrative Stellung hatte, dann aber doch noch regierender Herzog und 1692 sogar Kurfürst von Hannover geworden war. Sechs Kinder gingen aus der Ehe hervor, darunter die 1668 geborene einzige Tochter Sophie Charlotte, Preußens erste Königin.

Der älteste Sohn Georg Ludwig (1660–1727) erbte nach dem Tod seines Vaters 1698 zunächst den Kurfürstenhut und – nach dem Tod seiner Mutter Sophie 1714 – auch die englische Krone. Von nun an regierten die Kurfürsten aus dem Hause Hannover das Inselreich 123 Jahre lang in Personalunion. Sie endete 1837 mit der Thronbesteigung von Victoria, die als Frau zwar Königin von England werden, nicht aber das Kurfürstentum von Hannover übernehmen konnte, ein Amt, das ausschließlich Männern vorbehalten war. Als Victoria 1839 den deutschen Prinzen Albert heiratete und mit ihm eine Familie gründete, nannte sich das Herrscherhaus nach dem Prinzgemahl Sachsen-Coburg-Gotha – bis dieser Name aufgrund der Feindlichkeiten des Ersten Weltkriegs 1917 in Windsor umbenannt wurde.

Insgesamt brachte das Haus Hannover außer Queen Victoria fünf englische Könige nebst Gemahlinnen hervor, auch wenn die erste von ihnen niemals über den Ärmelkanal gekommen ist …

Die Idylle ist trügerisch: Als das Porträt entstand, war die Welt in Hannover längst nicht mehr in Ordnung – die Ehe von Kurprinzessin Sophie Dorothea (1666–1726) mit dem nachmaligen englischen König Georg I. steckte bereits in einer tiefen Krise. Die junge Frau suchte Trost in den Armen des Grafen Philipp Christoph von Königsmarck, doch die Affäre wurde entdeckt, die Ehe wegen „böswilligen Verlassens" geschieden. Als Georg I. 1714 den englischen Thron bestieg, lebte Sophie Dorothea schon seit Jahren unter Hausarrest auf Schloss Ahlden; sie hat nie englischen Boden betreten.

Die Gefangene von Ahlden

Sophie Dorothea von Celle (1666–1726)

Englands erste Königin aus dem Hause Hannover trug diesen Titel nur der Form halber. Während nämlich ihr Gemahl, Georg I., im September 1714 feierlich in London empfangen wurde, stand Sophie Dorothea schon lange auf Schloss Ahlden unter Hausarrest. Ihr Vergehen: eine Affäre mit einem heimlichen Liebhaber – ein „Privileg", das ihr als Frau natürlich nicht zustand, selbst wenn sich der Ehemann das gleiche Recht herausgenommen hatte.

Väterlicher „Zölibat"

Prinzessin Sophie Dorothea, die am 15. September 1666 auf Schloss Celle das Licht der Welt erblickte, war als einziges Kind das ganze Glück ihrer Eltern. Dabei hatte ihr Vater, Herzog Georg Wilhelm von Celle (1624–1705), noch wenige Jahre zuvor glaubhaft versichert, er werde den Rest seines Lebens ledig bleiben und „im Zölibat" verbringen. Das war für einen lebensfrohen Mann, der der Welfe nun einmal war, zwar recht ungewöhnlich, hatte aber einen ganz besonderen Hintergrund: Als junger Herzog hatte Georg Wilhelm nämlich keine rechte Lust verspürt, sich um die leidigen Regierungsgeschäfte zu kümmern. Viel lieber reiste er so oft wie möglich ins sonnige Italien, um dort den berühmten Karneval von Venedig und die Gesellschaft schöner Frauen zu genießen. Eine Zeitlang ließen ihn die Landstände* auch gewähren, dann aber setzten sie ihrem Herzog gewissermaßen die Pistole auf die Brust:

* Vertreter der einzelnen Stände, die die Ausgaben des Landes bewilligen mussten.

Sollte er nicht unverzüglich mit dem Lotterleben aufhören, heiraten und für standesgemäßen Nachwuchs sorgen, dann würden sie ihm den Geldhahn zudrehen! Diese Drohung verfehlte nicht ihre Wirkung. Ob er nun wollte oder nicht, Georg Wilhelm, inzwischen 33 Jahre alt, musste sich wohl oder übel fügen.

Nur noch ein einziges Mal wollte er nach Italien reisen, dort sozusagen den „Junggesellenabschied" feiern. Im Herbst 1657 machte er sich auf den Weg nach Süden. Mit von der Partie war sein jüngerer Bruder Ernst August (1629–1698, der spätere Kurfürst von Hannover), der als apanagierter Herzog keine politischen Verpflichtungen hatte und so über unendlich viel Zeit verfügte.

Auf dem Weg in den sonnigen Süden machten die beiden jungen Welfen wie vorgesehen Station in Heidelberg. Schließlich war Georg Wilhelm ja auf Brautschau. Hier, im Schloss hoch über dem Neckar, residierte Kurfürst Karl Ludwig von der Pfalz (1617–1680). Er hatte erst vor kurzem einen Teil des Kurfürstentums zurückerhalten, das sein glückloser Vater, der „Winterkönig", 1620 während des Dreißigjährigen Krieges (1618–1648) verloren hatte.

Im Heidelberger Schloss lebte auch Karl Ludwigs jüngste Schwester, Sophie von der Pfalz. Sie war bereits 27 Jahre alt und drohte nach den damaligen Maßstäben eine „alte Jungfer" zu werden. Aber die Mitgift, die ihr Bruder bereitstellen konnte, war so gering, dass bislang noch kein Bewerber ernsthaft um ihre Hand angehalten hatte. Trotzdem war Sophie eine recht „gute Partie", durch ihre Mutter eine halbe Stuart, zudem klug, umfassend gebildet und obendrein auch noch musikalisch. Es muss Spaß gemacht haben, sich mit der Pfälzerin zu unterhalten, denn sie sagte, was sie meinte, und scherte sich nicht um die Spielregeln der höfischen Etikette. Mit Sophie, das musste Georg Wilhelm zugeben, würde das Leben gewiss nicht langweilig werden. Für den Herzog zählte aber vor allem, dass sie protestantisch und im gebärfähigen Alter war. Darum ging es schließlich, und um nichts anderes. Die Verlobung des Welfenherzogs mit der sechs Jahre jüngeren Pfälzerin war schon bald beschlossene Sache, und so konnten die beiden Brüder endlich ihre Reise nach Italien fortsetzen. Auf dem Rückweg wollten sie wieder in Heidelberg Station machen, doch bis dahin würden noch mehrere Monate vergehen.

Irgendwann aber kamen Georg Wilhelm erste Zweifel, ob Sophie von der Pfalz wirklich die Richtige für ihn war. Offensichtlich hatte er sich etwas vorschnell für sie entschieden, denn inzwischen verspürte er so gar keine rechte Lust mehr, die Braut nach seiner Rückkehr zu ehelichen. Das Problem war nur: Wie konnte er die Verlobung lösen, ohne selbst das Gesicht zu verlieren und obendrein die sitzen gelassene Sophie zu kompromittieren? Doch dann hatte Georg Wilhelm die rettende Idee: Vielleicht könnte ja sein jüngerer Bruder Prinzessin Sophie „übernehmen"? Das wäre doch die Lösung! Zunächst einmal musste er Ernst August allerdings den merkwürdigen „Brauttausch" irgendwie schmackhaft machen und unterbreitete ihm folgenden Vorschlag: Sollte er Sophie tatsächlich heiraten, dann würde er, Georg Wilhelm, sich vertraglich verpflichten, selbst keine Ehe mehr einzugehen, also den Rest seines Lebens „im Zölibat" zu verbringen. Und da er deshalb auch keinen Nachwuchs in die Welt setzen würde (zumindest keinen legitimen), würde Ernst August eines Tages sein Herzogtum erben. Das war doch gewiss ein Angebot, das sein Bruder nicht ablehnen konnte.

Tatsächlich hatte der Vorschlag einen gewissen Charme. Ernst August hatte nämlich als Jüngster von vier „welfischen Brüdern" keine Aussicht darauf, einmal regierender Herzog zu werden. Für ihn war nur das weniger lukrative Amt des Fürstbischofs von Osnabrück vorgesehen, das nach den Bestimmungen des Westfälischen Friedens 1648 abwechselnd von einem Katholiken und einem Protestanten bekleidet wurde. Doch sollte Ernst August später einmal Söhne haben, so würden diese unversorgt bleiben beziehungsweise von einer vergleichsweise schmalen Apanage leben müssen. Insofern wäre ein eigenes Herzogtum eine feine Sache, selbst wenn er erst im hohen Alter in diesen Genuss kommen würde.

So gab es schneller als erwartet eine Einigung zwischen den Brüdern. Als Georg Wilhelm und Ernst August auf ihrer Rückreise wie geplant nach Heidelberg kamen, mussten sie wohl oder übel mit der Wahrheit herausrücken. Wir wissen leider nicht, wie Kurfürst Karl Ludwig und Sophie reagierten, als die Brüder „die Bombe platzen ließen". Von einem größeren Eklat ist zumindest nichts bekannt. Für Karl Ludwig ging es wohl im Wesentlichen darum, dass seine

Schwester endlich „unter die Haube“ kam, ganz gleich, ob sie den einen oder den anderen Welfen heiratete. Aber auch Sophie selbst entschloss sich wohl, gute Miene zum bösen Spiel zu machen. Hatte sie eine andere Wahl? Sie war viel zu stolz, als dass sie sich als sitzen gelassene Braut bemitleiden lassen wollte. Hoch erhobenen Hauptes willigte sie daher in die Verlobung mit Ernst August ein. Wie gekränkt sie tatsächlich war, hat sie niemandem verraten.

Nachdem Georg Wilhelm seinem Bruder noch einmal schriftlich versichert hatte, niemals zu heiraten, traten Sophie und Ernst August am 30. Oktober 1658 vor den Traualtar. Anschließend bezogen sie ihr neues Heim im Alten Leineschloss Hannover, wo auch der regierende Herzog Georg Wilhelm künftig „im Zölibat“ zu leben gedachte.

Gewissensbisse und eine „Gewissensehe“

Erstaunlicherweise wurde die auf solch seltsamen Weg geschlossene Ehe doch recht glücklich. In regelmäßigen Abständen brachte Sophie ein Kind zur Welt, und Ernst August erhielt 1661 wie vorgesehen das Amt des Fürstbischofs von Osnabrück. Man zog nach (Bad) Iburg am Rande des Teutoburger Walds und führte dort ein beschauliches Leben.

Für Georg Wilhelm ergaben sich hingegen einige einschneidende Veränderungen. Zunächst einmal wurde er 1665 nach dem Tod seines ältesten Bruders Christian neuer Herzog von Celle. Zum anderen hatte er kurz zuvor während eines Besuchs beim Landgrafen von Hessen-Kassel eine hübsche junge Frau kennengelernt und sich Hals über Kopf in sie verliebt. Die Angebetete hieß Eleonore d’Olbreuse (1639–1722), war eine Hugenottin aus Frankreich und inzwischen Hofdame in Kassel. Nun war Georg Wilhelm bekanntlich nie ein Kind von Traurigkeit gewesen, doch jetzt, mit knapp 40 Jahren, hatte es ihn zum ersten Mal wirklich „erwischt“. Nur leider ging die schöne Eleonore nicht auf seine Avancen ein. Sie war schließlich kein „Betthäschen“ wie so viele andere Damen im höfischen Umfeld, sondern eine ernsthafte und sittenstrenge junge

Frau, die sich strikt weigerte, ohne Trauschein ins herzogliche Schlafgemach einzuziehen. Jetzt befand sich Georg Wilhelm in einer Zwickmühle. Er liebte Eleonore von ganzem Herzen, sie war die Frau seines Lebens, und doch konnte er sie nicht heiraten, ohne das Versprechen, das er seinem Bruder gegeben hatte, zu brechen. Aber erneut fand der pfiffige Herzog eine kreative Lösung: Er bot seiner Eleonore eine „Gewissenehe“ an. Man würde einfach als Mann und Frau zusammenleben und einander die Treue halten, ohne tatsächlich verheiratet zu sein. Anscheinend argumentierte Georg Wilhelm recht überzeugend, auch wenn Eleonore erst nach längerem Zögern in seinen Vorschlag einwilligte.

Als sich die Neuigkeit bis Bad Iburg herumgesprochen hatte, schrillten bei Sophie und Ernst August gleich die Alarmglocken. Trauschein hin oder her – bestimmt würden auch aus dieser „Gewissensehe“ Kinder hervorgehen und später einmal Erbansprüche stellen.

Die Angst der beiden war nicht ganz unberechtigt. Am 15. September 1666 brachte Eleonore eine Tochter zur Welt, die in der Kapelle von Schloss Celle auf den Namen Sophie Dorothea getauft wurde. Um Frau und Kind zu legitimieren, erwirkte Georg Wilhelm beim Kaiser eine Standeserhöhung Eleonores, die nun zur Gräfin von Wilhelmsburg erhoben wurde.

Sophie Dorothea blieb das einzige Kind des Herzogspaares. In den folgenden Jahren erlitt Eleonore mehrere Fehlgeburten, was man in Bad Iburg mit Erleichterung aufgenommen haben dürfte. Als Georg Wilhelm und Eleonore 1676 dann doch noch ganz offiziell heirateten, hatten sich Sophie und Ernst August mit der Situation schon beinahe abgefunden.

Dann aber starb 1679 der zweite der vier „welfischen Brüder“: Johann Friedrich (1625–1679), der seit 1665 regierender Herzog von Hannover gewesen war. Damit rückte Ernst August völlig unerwartet in dieses Amt nach. Nun hätte er ganz entspannt in die Zukunft blicken können, denn seine Söhne waren jetzt schließlich versorgt, auch ohne das Erbe des reicheren Celle. Aber mit der Regierungsverantwortung in Hannover entwickelte der einstmals so leichtlebige Ernst August plötzlich enormen politischen Ehrgeiz.

Er wollte nicht nur seine Residenz verschönern und zum kulturellen Zentrum machen, sondern plante langfristig sogar, Kurfürst von Hannover zu werden.

Die deutschen Kurfürsten, denen seit der Goldenen Bulle von 1356 das Recht zustand, den deutschen König und Kaiser zu wählen, waren die mächtigsten und angesehensten Fürsten im ganzen Reich. Doch um in diesen illustren Kreis aufgenommen zu werden, musste man zunächst bestimmte Bedingungen erfüllen. Voraussetzung für die Kurwürde war zum einen die Primogenitur, also das alleinige Erbrecht des Erstgeborenen und damit die Unteilbarkeit des Landes. Beides setzte Ernst August gegen den heftigen Widerstand seiner Familie durch, denn die jüngeren Söhne würden nun trotz allem nach seinem Tod mittellos dastehen und sich mit einer kleinen Apanage zufrieden geben müssen. Noch aber hatte der Kaiser keine Entscheidung getroffen, und Ernst August musste sich noch viele Jahre in Geduld fassen, bevor er endlich den Kurhut in Empfang nehmen durfte.

„Klug und artig" – Die junge Sophie Dorothea

Jenseits der ehrgeizigen Pläne ihres Onkels wuchs Sophie Dorothea in Celle zu einem hübschen jungen Mädchen heran. Mit ihrem dunklen lockigen Haar und der etwas pummeligen Figur entsprach sie ganz dem Schönheitsideal der Barockzeit. Eine höfische Beobachterin fand für die damals 13-jährige Prinzessin nur lobende Worte: „Ich muss bekennen, dass man ihresgleichen nicht in Deutschland findet, so klug und artig. Sie ist schon so groß wie ich und ein vollkommen rechtes Mensch. Enfin, es ist ein recht bijou …"

Nun, das fanden andere offenbar genauso, vor allem die jungen Männer. Sophie Dorothea scheint schon früh mit dem Flirten angefangen zu haben, und weil die Eltern offenbar befürchteten, aus den Flirts könnte möglicherweise mehr werden, musste sogar einer der Pagen den Celler Hof verlassen.

Um die Weichen für Sophie Dorotheas Zukunft zu sichern, hatten die Eltern schon 1675 die Verlobung der Tochter arrangiert –

sehr zum Missfallen von Sophie und Ernst August. Der Bräutigam war nämlich der Welfe August Friedrich von Braunschweig-Wolfenbüttel, ein entfernter Verwandter, und dessen Vater Anton Ulrich hatte bereits unmissverständlich klargemacht, dass auch er Anspruch auf das Celler Erbe erhob. Doch nur ein Jahr später konnte man in Hannover wieder aufatmen, denn 1676 kam August Friedrich bei der Belagerung von Philippsburg ums Leben.

Allerdings war Ernst August jetzt vorgewarnt. Wenn er nicht aufpasste, dann würde Celle eines Tages doch noch an einen anderen Fürsten gehen, ganz gleich, was sein Bruder ihm versprochen hatte. Juristisch gesehen war der von Georg Wilhelm aufgesetzte Vertrag zum Verzicht nämlich keineswegs hieb- und stichfest, eher so etwas wie ein Gentlemen's Agreement. Doch Ernst August hatte die Lösung bereits vor Augen. Schließlich war es allmählich an der Zeit, seinen ältesten Sohn, den 1660 geborenen Georg Ludwig, zu verheiraten. Und welche Braut wäre in diesem Fall wohl geeigneter als Sophie Dorothea von Celle?

Die junge Prinzessin ahnte noch nichts von ihrem „Glück" und lebte arglos in den Tag hinein. Als einziges Kind und Tochter einer Mutter, die aufgrund ihrer nicht standesgemäßen Herkunft* keine repräsentativen Pflichten erfüllen durfte (oder besser gesagt: musste), war die heranwachsende Sophie Dorothea mit Liebe und Aufmerksamkeit nur so überschüttet worden. Da ihr der stolze Vater wohl keinen Wunsch abschlagen konnte, gewöhnte sich die kleine Prinzessin rasch daran, immer das zu bekommen, was sie wollte. Und als künftigen Ehemann wünschte sie sich gewiss einen Traumprinzen, der sie liebte, verwöhnte und auf Händen trug.

Doch dann kam es anders. Georg Wilhelm, den noch immer das schlechte Gewissen wegen seiner Hochzeit plagte, hatte dem Wunsch seines Bruders schweren Herzens entsprochen und in die Ehe seiner Tochter mit Georg Ludwig eingewilligt. Damit würde es künftig keinen Zweifel mehr daran geben, dass das reiche Celler Erbe eines Tages an den Herzog von Hannover gehen würde. Dass

* Als standesgemäße „Partie" galten Partner, die aus einem regierenden Fürstenhaus stammten.

Braut und Bräutigam überhaupt nicht zueinander passten, war in diesem Fall zweitrangig: auf der einen Seite die verwöhnte, liebesbedürftige und kapriziöse Sophie Dorothea, auf der anderen der sechs Jahre ältere Erbprinz von Hannover, den seine Cousine, die berühmte Liselotte von der Pfalz, einmal als „trocken und kalt wie Eis“ bezeichnet hatte. Natürlich war Georg Ludwig ebenso ein Opfer der politischen Umstände, denn für Sophie Dorothea empfand er keine zärtlichen Gefühle. Immerhin aber hatte er als Mann – auch als Ehemann – die Möglichkeit, wirkliche Liebe und Zuneigung bei einer Mätresse zu finden. Diese Chance blieb Sophie Dorothea verwehrt. Als Frau musste sie unbedingt die eheliche Treue einhalten, denn nur so konnten Familie und Untertanen ganz sicher sein, dass in den Adern der Nachkommen auch das richtige „blaue Blut“ floss.

Der smarte Graf von Königsmarck

Sophie Dorothea wird von der Aussicht, ein Leben an der Seite des „trockenen“ Georg Ludwig führen zu müssen, gewiss nicht begeistert gewesen sein. Und doch blieb ihr keine andere Wahl. Am 2. Dezember 1682 – nur wenige Wochen nach ihrem 16. Geburtstag – trat sie mit ihrem Bräutigam vor den Traualtar.

Die Ehe erfüllte ihren wichtigsten Zweck. Bereits 1683 erblickte Sohn Georg August das Licht der Welt, der erhoffte Erbprinz und nachmalige englische König Georg II. Vier Jahre später wurde noch eine Tochter geboren, die man nach der Mutter Sophie Dorothea nannte, die spätere Gemahlin des preußischen „Soldatenkönigs“ Friedrich Wilhelm I. (1688–1740) und Mutter Friedrichs des Großen (1712–1786).

Doch die Geburt der beiden Kinder konnte nicht darüber hinwegtäuschen, dass die Ehe immer unglücklicher wurde, und schon bald ging jeder seiner eigenen Wege. Georg Ludwig fand wohl 1690 mit Melusine von der Schulenburg eine verständnisvolle Mätresse, die ihm zur wirklichen Lebenspartnerin wurde. Sophie Dorothea saß derweil in Hannover im Alten Leineschloss und blies Trübsal, denn auch sie sehnte sich nach wahrer Liebe und Zärtlichkeit. Doch wie durch ein Wunder war die Zeit des Wartens plötzlich vorbei.

Irgendwann im Frühjahr 1690 begegnete Sophie Dorothea im Alten Leineschloss einem attraktiven jungen Mann, den sie vor Jahren schon in Celle kennengelernt hatte, wo er am Hof ihres Vaters seine Pagenausbildung absolvierte: Es war der 1665 geborene Philipp Christoph von Königsmarck. Seit 1689 stand Graf Königsmarck nun als Oberst im Dienst Ernst Augusts von Hannover und ging im Leineschloss ein und aus. Er war ein charmanter und gut aussehender Mann, leider mit einer fatalen Neigung zum Glückspiel und auch sonst etwas zu leichtsinnig. Sophie Dorothea aber freute sich ungemein, ihren „alten Bekannten" wiederzusehen – und aus einem ersten kleinen Flirt wurde schon bald eine heiße Affäre.

Beide wussten natürlich, dass ihnen die verbotene Liebe Kopf und Kragen kosten konnte. Deshalb bemühten sie sich auch, ihre Liaison so gut wie möglich geheim zu halten. In den Sommermonaten, wenn Königsmarck bei seinem Regiment war, mussten sich die Liebenden ohnehin mit dem Austausch von Briefen begnügen – doch gerade diese Briefe hatten es in sich! Durch einen glücklichen Zufall sind weite Teile der Korrespondenz erhalten geblieben, sodass wir noch heute nachlesen können, wie sich die Beziehung entwickelte. Aus dem Zeitraum vom 1. Juli 1690 bis zum November 1693 gibt es 73 Briefe von Sophie Dorothea und 212 Schreiben von Königsmarck, allesamt in französischer Sprache. Für den Fall, dass ihre Briefe abgefangen und gelesen wurden, bedienten sich die beiden gewisser Namensumschreibungen, wie zum Beispiel *L'incommode* für Georg Ludwig, *Romaine* für Sophie, *Don Diego* für Ernst August und *La Boule* für die rundliche Prinzessin Sophie Charlotte. Seit März 1693 benutzen sie auch ein primitives Chiffriersystem (a = 22; b = 24; c = 25; d = 27 usw.), das aber von den Spionen des Herzogs jederzeit leicht „geknackt" werden konnte. Davon abgesehen war der Inhalt der Briefe eindeutig genug.

„Ich werde Ihre süßen Lippen küssen ...“ – Der Briefwechsel

Doch lassen wir die Liebenden selbst zu Wort kommen. In einem undatierten Brief aus dem Jahr 1691 schreibt Königsmarck: „Ich sehe, dass meine Vorfreude, Sie zu umarmen, ganz dahin ist, da der Incommode völlig unerwartet erschienen ist. Ich gestehe Ihnen, dass der Anblick dieses Menschen mir höchst zuwider war, ein Blitzschlag hätte mich nicht ärger überraschen können; aber es muss wohl immer irgendein verhasstes Gesicht geben, das eine süße Unterhaltung wie diese unterbricht. Ja, meine Phantasie war schon so freudig erregt, dass ich die ganze Nacht kein Auge zutun konnte, aber ach, nun entschwindet alle Hoffnung und ich muss eine zweite Nacht schlaflos und diesmal kummervoll verbringen, während ich in der ersten so voller Freude war. Wenn Sie nicht die Güte haben, mich zu trösten, werden meine Tränen gewiss reichlich fließen. Trösten Sie mich also, göttliche Schöne, und erleichtern Sie den Kummer eines Menschen ...“

Nicht weniger leidenschaftlich sind die Briefe Sophie Dorotheas, die im März 1692 ihr Schreiben mit den (prophetischen) Worten beendet: „Leben Sie wohl, mein angebeteter Geliebter, nur der Tod kann mich Ihnen entreißen, keiner Macht der Menschen wird es jemals gelingen ... Ich bin geboren, Sie zu lieben.“

Und am 22. Juni 1692 heißt es: „Gute Nacht, ich gehe schlafen. Was für traurige Nächte, seit Sie fort sind. Wenn ich an die Freuden denke, die ich mit Ihnen genossen habe, und dagegen an meinen jetzigen Zustand, dann überkommt mich tödlicher Schmerz. Bleiben Sie mir treu, mein Geliebter, mein ganzes Lebensglück hängt davon ab. Ich jedenfalls will nur noch für Sie leben.“ Dass die Beziehung der beiden eine sexuelle Komponente hatte, steht wohl außer Frage. Am 1. August 1692 schrieb Königsmarck: „Was würde ich dafür geben, dass es schon Mitternacht schlüge! Halten Sie etwas ungarisches Rosenwasser bereit, falls mich vor allzu großer Freude eine Ohnmacht überkommt. Ist es wahr? Heute Abend werde ich die bezauberndste Frau der Welt umarmen, ihre süßen Lippen küssen ... Ich werde aus Ihrem eigenen Munde hören, dass ich Ihnen nicht gleichgültig bin, ich werde Ihre Knie umfassen, meine Tränen werden Ihre wunderbaren Wangen benetzen und Sie werden es ihnen nicht verbieten, meine Arme werden voller Seligkeit den schönsten Leib der Welt umarmen …"

Ähnlich enthusiastisch klingt Königsmarcks Brief vom 3. September 1692: „Meine süße Dicke, nur von Ihnen erwarte ich mein Schicksal, von Ihnen hängt meine Seligkeit ab, Sie sind meine Göttin!"

Hannover wird Kurfürstentum

Fest steht, dass Sophie Dorothea und Königsmarck nicht nur eine „heiße Affäre" hatten. Sie wollten auch auf Dauer zusammenbleiben und begannen im Herbst 1692, ihre gemeinsame Zukunft zu planen. Am 25. Oktober 1692 schrieb der Graf, er wünsche sich an einen Ort, an dem er das Leben mit Sophie Dorothea beschließen könne, und schwor ihr ewige Treue. Der Gedanke an eine Trennung der Prinzessin von ihrem Ehemann nahm immer konkretere Formen an.

Es ist anzunehmen, dass inzwischen der ganze Hof über die „verbotene Liebe" tuschelte, und auch Georg Ludwig wird gewusst haben, dass ihm seine junge Gemahlin „Hörner aufsetzte". Und doch ließ er sie zunächst gewähren. Seine große Liebe war schließlich Melusine von der Schulenburg, an Sophie Dorothea hatte er schon längst jedes Interesse verloren.

Dann aber führten politische Veränderungen zu einem grundlegenden Stimmungswandel. Nach langem Warten und zähen Verhandlungen mit dem Kaiser erfüllte sich endlich Ernst Augusts sehnlichster Wunsch, und im Dezember 1692 konnte er den Kurhut auf seine prächtige Allongeperücke setzen. Jetzt gehörte er zum illustren Kreis der Kurfürsten, die, was Rang und Geltung betraf, gleich nach dem Kaiser kamen.

Königsmarck reagierte auf die Rangerhöhung seines Dienstherrn, die ja auch Georg Ludwig und Sophie Dorothea betraf, mit unverhohlener Eifersucht und schrieb am 29. Dezember 1692 an die frischgebackene Kurprinzessin: „Man darf Sie jetzt so anreden, denn vermutlich wird der Kurprinz Sie letzte Nacht mit diesem Ehrentitel ‚investiert' haben. Sind seine Umarmungen schöner, seit er diesen Rang innehat? Ich kann nicht schlafen vor lauter Wut, dass ein Kurprinz mich der Wonnen meiner bezaubernden Geliebten beraubt."

Doch auch außerhalb Hannovers wurde die neue Kurwürde keineswegs begrüßt, im Gegenteil. Andere deutsche Fürsten, vor allem die Sachsen, hatten sich heftig dagegen gewehrt, denn sie wachten eifersüchtig über ihre eigenen Machtprivilegien. Auch verschiedene ausländische Staaten weigerten sich, die Kurwürde Hannovers anzuerkennen.

Ernst Augusts Position war ohnehin schon fragil genug, und deswegen passte es ihm gar nicht ins Konzept, dass seine Schwiegertochter einen Liebhaber hatte, was inzwischen womöglich halb Hannover wusste. Die Tatsache bereitete dem Kurfürsten ganz erhebliche Kopfschmerzen. Was würde passieren, sollte sich herausstellen, dass die Kinder seines ältesten Sohnes gar nicht dessen eigene waren, sondern „Bastarde" des Grafen Königsmarck? Das wäre doch nur Wasser auf die Mühlen seiner politischen Gegner! Womöglich musste er sogar den Kurhut wieder zurückgeben. Auch eine Schwangerschaft seiner Schwiegertochter war keineswegs ausgeschlossen. Es gab daher nur einen Ausweg: Man musste diese Ehe irgendwie beenden. Ein offizielles Scheidungsverfahren wegen Ehebruchs seitens der Kurprinzessin stand jedoch nicht zur Debatte, denn gerade den galt es ja zu vertuschen. Es musste also eine andere Lösung geben.

Blind vor Liebe

Nach wie vor waren Sophie Dorothea und Königsmarck völlig arglos und davon überzeugt, dass niemand außer ein paar Eingeweihten von ihrer heimlichen Liebe wusste. Als Briefboten oder Postillions d'Amour fungierten zwei enge Vertraute: Die eine war die Hofdame der Kurprinzessin, Eleonore von der Knesebeck, die andere Königsmarcks Schwester, Maria Aurora, eine spätere Mätresse Augusts des Starken. Und doch muss es irgendwo eine undichte Stelle gegeben haben. Es besteht kein Zweifel daran, dass Briefe abgefangen und von Personen gelesen wurden, für deren Augen sie nun ganz und gar nicht gedacht waren: Sophie Dorotheas Ehemann und seine Eltern, die noch immer an einer geeigneten Strategie für die Beendigung der kurprinzlichen Ehe arbeiteten.

Auch Mutter Eleonore d'Olbreuse war offenbar in das sinnliche Treiben ihrer Tochter eingeweiht und mahnte immer wieder zur Vorsicht. Doch Sophie Dorothea schlug alle gut gemeinten Warnungen in den Wind. Nach einem scheinbar unverfänglichen Gespräch mit Kurfürstin Sophie schrieb sie am 14. Juni 1693 arglos an Königsmarck: „Die Kurfürstin spricht mit mir jedes Mal über Sie, wenn ich mit ihr spazieren gehe, denn ich habe Ihnen ja bereits berichtet, dass ich immer mit ihr ganz allein bin. Ich weiß nicht, ob sie das aus Zuneigung zu Ihnen tut, oder um mir eine Freude zu bereiten. Aus welchem Grunde es auch immer sei, sie bereitet mir damit sehr viel Freude. Ich kann meine Begeisterung kaum meistern, wenn ich nur Ihren Namen höre! Sie sagt nur Gutes über Sie und lobt Sie mit so viel Vergnügen, dass ich, wenn sie jünger wäre, nicht verhindern könnte, eifersüchtig zu sein, denn ich glaube ganz im Guten, dass sie eine herzliche Zuneigung für Sie empfindet."

War Sophie Dorothea tatsächlich so naiv, so blind vor Liebe? Glaubte sie wirklich, die Schwiegermutter mache mit ihr gemeinsame Sache und sei womöglich mit der Affäre einverstanden? Hat sie gar nicht gemerkt, dass ihr die Kurfürstin einen „Wink mit dem Zaunpfahl" geben oder sie vielleicht sogar aushorchen wollte?

Jedenfalls gingen die Heimlichkeiten unvermindert weiter. Im Juni 1693 verbrachte Sophie Dorothea zusammen mit ihren Eltern ein paar Tage auf Schloss Linsburg, einem alten Jagdschloss der Welfenherzöge*, wo sie, wie aus ihrem Brief vom 16. Juni hervorgeht, mit dem Geliebten ein weiteres heimliches Tête-à-Tête plante: „Ich beginne mit dem, was mir am meisten am Herzen liegt, meiner Sehnsucht, Sie wiederzusehen. Ich habe Ihnen schon geschrieben, dass die Sache von meiner Seite aus leicht zu bewerkstelligen ist,

* Schloss Linsburg wurde bereits im 18. Jahrhundert abgebrochen.

denn in dem Zimmer neben dem meinen wohnt die Knesebeck, dort können Sie durch eine Hintertür eintreten und, wenn Sie wollen, vierundzwanzig Stunden ohne jedes Risiko bleiben. Ich gehe jeden Abend, nur von der Knesebeck begleitet, unter den Bäumen ganz nahe beim Haus spazieren. Wir werden dort von zehn bis Mitternacht auf Sie warten. Sie müssen sich mit den üblichen Erkennungszeichen bemerkbar machen. Die Gartentür ist immer geöffnet. Vergessen Sie nicht, dass SIE das Zeichen geben müssen und ich Sie unter den Bäumen erwarte."

Gemeinsame Fluchtpläne

Und doch hat es den Anschein, als wäre dem verliebten Pärchen in Hannover der Boden allmählich zu heiß geworden. Sie sprachen davon, die Stadt zu verlassen und irgendwo anders neu zu beginnen. Dass sie ihre beiden Kinder nicht mitnehmen konnte, hat Sophie Dorothea wohl nicht weiter bekümmert. Von Tochter und Sohn ist in ihren Briefen niemals die Rede – mit einer einzigen Ausnahme: Als sie nicht daheim in Hannover war, hatte man ihr berichtet, dass Königsmarck am Abend mit der „kleinen Prinzessin" im Alten Leineschloss Kartenhäuser gebaut habe. Das teilte die Kurprinzessin ihrem Geliebten umgehend mit.

Am 29. September 1693 schrieb Königsmarck voll dunkler Vorahnungen: „Vom ersten Tag, seit ich Sie kenne, habe ich mich Ihnen ganz ergeben. Mein Verstand mochte mir tausendmal sagen, dass ich eines Tages fortgehen müsse, ich hörte nicht auf ihn, und mein Herz sagte mir, dass ich recht daran täte. Der Schmetterling, der sich an einer Kerzenflamme verbrennt, das wird mein Los sein. Ich kann meinem Schicksal nicht entgehen. Sie wollen wissen, ob ich noch den Dienst quittieren will. Meine Antwort darauf ist: Das hängt einzig von Ihnen ab. Da ich einmal beschlossen habe, ganz Ihnen zu gehören, mit Herz, Leib und Seele, haben Sie auch zu befehlen, wie ich es in dieser Sache halten soll."

Doch trotz aller Befürchtungen wurden keine Vorsichtsmaßnahmen getroffen, im Gegenteil. Nur zwei Tage später heißt es in

Königsmarcks Brief: „Ich werde in Celle sein, bevor Sie es verlassen, ich komme verkleidet. Warten Sie zwei Nächte bis elf Uhr an der kleinen Treppe auf mich. Ich kenne den Weg zur Geheimtreppe und werde auf das Zeichen warten …“

Wie es in Zukunft mit ihnen weitergehen würde, wussten weder Sophie Dorothea noch Königsmarck. Erst im Frühjahr 1694 eröffnete sich dem Grafen die realistische Chance, seinen Dienst in Hannover zu quittieren und eine neue Stellung anzunehmen. Sein Jugendfreund Friedrich August, den Königsmarck während seiner Kavalierstour in Venedig kennengelernt hatte, war soeben Kurfürst von Sachsen geworden. Daher bot er Königsmarck an, an die Elbe zu kommen und den Oberbefehl über ein sächsisches Regiment zu übernehmen. War das des Problems Lösung? Auf jeden Fall reiste der Graf im Juni 1694 umgehend nach Dresden, um mit seinem neuen Dienstherrn die notwendigen Gespräche zu führen. Bald war man sich einig. Erleichtert fuhr Königsmarck zurück nach Hannover, um seine Stellung zu kündigen und Sophie Dorothea vom Stand der Dinge zu unterrichten. Allem Anschein nach hatte er vor, die Kurprinzessin mit nach Dresden zu nehmen. Doch dazu sollte es nicht mehr kommen.

Mord im alten Rittersaal

Seit der Nacht vom 1. zum 2. Juli 1694 fehlt von Königsmarck jede Spur. Es steht zweifelsfrei fest, dass er in diesem Zeitraum im Alten Leineschloss Hannover ermordet wurde. Kurz zuvor hatte ihn Sophie Dorothea noch ein letztes Mal lebend gesehen. Als er dann aber aus den Gemächern der Kurprinzessin kam und den Rittersaal betrat, wurde er offenbar von den Gefolgsleuten des Kurfürsten überwältigt und getötet. Unklar ist lediglich, ob es sich wirklich um einen „Auftragsmord“ handelte oder um einen „Unglücksfall“ während der Festnahme. Königsmarcks Leiche wurde nie gefunden. Gerüchten zufolge hat man sie in einen Sack gesteckt und mit Steinen beschwert an einer besonders tiefen Stelle der Leine versenkt. Für einen Auftragsmord spricht, dass die Beteiligten ein hohes Schweigegeld aus der kurfürstlichen Schatulle erhielten. Der mutmaßliche Mörder Nicolò de Montalbano kassierte allein 10 000 Taler, mit denen er sich in seine italienische Heimat absetzte.

Kaum waren alle Spuren des Verbrechens beseitigt, da wurde die völlig ahnungslose Sophie Dorothea samt ihrer Hofdame und Vertrauten Eleonore von Knesebeck unter Hausarrest gestellt. Anschließend durchsuchte man sowohl ihre Gemächer als auch die Wohnung des Grafen und ließ die verräterischen Briefe, die sich die Liebenden geschrieben haben, diskret verschwinden.* Erst zwei Wochen später wurde Königsmarck von seinem Vorgesetzten offiziell als vermisst gemeldet. Inzwischen hatte sich auch der Hof eine Strategie zurechtgelegt, wie man sich nach außen verhalten sollte. Dabei gab es mehrere Punkte zu beachten: Jedes Wissen um den Verbleib Königsmarcks musste beharrlich geleugnet werden. Außerdem durfte nicht der geringste Verdacht aufkommen, dass das Verschwinden des Grafen irgendetwas mit dem Hausarrest der Kurprinzessin und der geplanten Scheidung der Ehe zu tun haben könnte. Der Scheidungsgrund durfte keinesfalls Ehebruch lauten, sondern musste mit böswilligem Verlassen begründet werden. Zu diesem Zweck konstruierte man die Geschichte, Sophie Dorothea habe heimlich aus Hannover verschwinden wollen, sei aber auf der Flucht gefasst und daher unter Hausarrest gestellt worden. In einem offiziellen Rundschreiben hieß es, böswillige Gerüchte und Intrigen, die Eleonore von der Knesebeck, Sophie Dorotheas Hofdame, in die Welt gesetzt habe, hätten die Kurprinzessin dazu veranlasst, sich von ihrem Mann zu trennen. Königsmarck wurde mit keinem Wort erwähnt.

Hausarrest auf Schloss Ahlden

Die Sache war raffiniert eingefädelt. Im Verhör leugnete Sophie Dorothea hartnäckig, eine intime Beziehung zu Königsmarck gehabt zu haben, und spielte damit ihren Widersachern in die Hände. Inso-

* Von diesen Briefen fehlt bis heute jede Spur. Es existieren nur die Briefe, die Königsmarcks Schwester Maria Aurora aufbewahrt hatte.

fern lief das Verfahren für die Kurfürstenfamilie wie geplant. Doch das spurlose Verschwinden des Grafen sprach sich rasch herum – nicht nur in Deutschland, sondern auch an den europäischen Fürstenhöfen. Die Gerüchteküche brodelte, es wurden die abenteuerlichsten Spekulationen angestellt; doch immer wieder hieß es, dass kein anderer als Kurfürst Ernst August und sein Sohn dahinter steckten. Dieser Ansicht war man auch in Dresden, schließlich war Königsmarck kurz vor seinem Verschwinden in sächsische Dienste eingetreten. Maria Aurora, die Schwester des Grafen, wandte sich sogar persönlich an August den Starken, damit er ihr bei der Suche nach ihrem Bruder helfe. Doch da Ernst August immer wieder seine Unschuld beteuerte und man ihm auch nichts nachweisen konnte, verliefen alle Ermittlungen im Sande.

Und so begann allmählich Gras über die Sache zu wachsen. Im Januar 1695 wurde die Ehe von Georg Ludwig und Sophie Dorothea geschieden. Sie, die man wegen böswilligen Verlassens angeklagt hatte, musste Hannover den Rücken kehren und wurde auf Lebenszeit auf Schloss Ahlden unter Hausarrest gestellt. Ihre beiden Kinder sollte sie nie mehr wiedersehen.

Das im 16. Jahrhundert errichtete Wasserschloss Ahlden liegt an der Alten Leine, einem Altarm der Aller. Es handelt sich um einen dreiflügligen Fachwerkbau, damals noch umgeben von einer französischen Gartenanlage. In diesem doch recht komfortablen Gefängnis verbrachte Sophie Dorothea die knapp 32 Jahre, die ihr bis zu ihrem Tod 1726 noch verblieben. Im Nordflügel stand ihr eine großzügige Wohnung von sechs oder sieben Zimmern zur Verfügung, doch sie konnte sich im ganzen Schlossbereich einschließlich des Gartens frei bewegen – natürlich strengstens bewacht. Seit April 1696 war es ihr sogar gestattet, unter entsprechender Aufsicht kleine Ausfahrten in den näheren Umkreis von etwa zwei Kilometern zu unternehmen. Zudem verfügte sie über ein beträchtliches Einkommen: Georg Ludwig, seit 1698 Kurfürst von Hannover, hatte zwar das Vermögen seiner Gemahlin eingezogen, zahlte ihr aber jährlich eine stattliche Summe – zunächst 8000 Taler (bis zum Tod ihres Vaters 1705), später 18 000 Taler. Dazu kam noch das geerbte Privatvermögen ihrer Eltern. Sophie Dorothea hatte aber auch etliche Ausgaben. Das Personal, das sie umsorgte, musste bezahlt werden, auch ein angemessenes Ambiente verschlang sehr viel Geld. Die „Prinzessin von Ahlden“ versüßte sich die Gefangenschaft mit kostbaren Möbeln, Wandteppichen und Ledertapeten, kleidete sich so prachtvoll wie zuvor und ließ sich die neuesten Modeartikel eigens aus Paris kommen. Wie noch erhaltene Speisezettel beweisen, wurden in der Schlossküche üppige Mahlzeiten zubereitet, und auch an einem guten Tropfen mangelte es keineswegs.

Für Sophie Dorotheas Wohlbefinden sorgte ihr „Hofstaat“. Dazu gehörten zwei Hofdamen als Gesellschafterinnen, mehrere Kammerfrauen sowie das nötige Personal für Haushalt, Küche und die Stallungen. Am Sonntag hielt ein reformierter Geistlicher Gottesdienst auf Schloss Ahlden, mitunter kamen wohl auch Musiker, um Sophie Dorothea mit einem kleinen Konzert Abwechslung zu verschaffen. Selbstverständlich verfügte sie auch über eine eigene Bibliothek und ließ sich von ihren Kammerfrauen gerne aus den Büchern vorlesen.

So viel „Normalität“ in den Schlossräumen konnte freilich nicht darüber hinwegtäuschen, dass die Prinzessin nahezu vollständig von der Außenwelt isoliert war. Die von doppelten Wassergräben und von einem hohen, palisadenartigen Wall umgebene Anlage bildete einen abgeschlossenen Sperrbezirk. Tag und Nacht sicherten Wachtposten das Gelände. Einen Fluchtversuch hat die Gefangene jedoch niemals unternommen, auch wenn sie die Hoffnung auf Freiheit nicht aufgab.

Alle ein- und ausgehenden Personen – Handwerker, Arbeiter sowie die wenigen Menschen, die zur Prinzessin selbst vorgelassen wurden – mussten sich einer strengen Kontrolle unterwerfen. Das gleiche galt für Briefe und Pakete. Als einziges Familienmitglied erhielt Sophie Dorotheas Mutter Eleonore die Erlaubnis, ihre Tochter in Ahlden zu besuchen. Die Herzogin machte von diesem Recht auch häufig Gebrauch und blieb manchmal viele Wochen, mitunter sogar Monate. Um auch sie standesgemäß unterzubringen, richtete man ihr eine eigene Wohnung im Südflügel des Schlosses ein.

Enttäuschte Hoffnungen

Durch ihre Mutter war Sophie Dorothea auch bestens darüber unterrichtet, was sich in der kurfürstlichen Familie in Hannover ereignete. Kurfürst Ernst August erlitt im Frühjahr 1695 einen schweren Schlaganfall, von dem er sich nie mehr richtig erholte. Bis zu seinem Tod 1698 musste Georg Ludwig die Regierungsgeschäfte übernehmen.

Sophie Dorotheas Kinder wuchsen heran. Ihr Sohn Georg August vermählte sich im September 1705 mit Caroline von Ansbach, und im Sommer des darauffolgenden Jahres trat Tochter Sophie Dorothea mit dem preußischen Kronprinzen Friedrich Wilhelm vor den Traualtar. Aus dieser etwas stürmischen Ehe gingen 15 Kinder hervor, von denen zehn überlebten, darunter der 1712 geborene Friedrich II., genannt „der Große".

Nach dem Tod von Kurfürstin-Witwe Sophie und dem Ableben der englischen Königin Anna zog Georg Ludwig im September 1714 als neuer König Georg I. feierlich in London ein. Ob dieser Gedanke Sophie Dorothea wohl geschmerzt hat? Wäre alles anders gekommen, dann hätte sie ihren Gemahl nach England begleitet und gemeinsam mit ihm den *St. James Palace* bezogen. Andererseits: Georg Ludwig hat sich in England nie sonderlich wohl gefühlt. Er beherrschte die Landessprache kaum, verstand die Mentalität seiner neuen Untertanen nicht und „flüchtete" daher so oft wie möglich über den Ärmelkanal in seine deutsche Heimat.

Indirekt war Sophie Dorothea in England aber sehr wohl präsent. Nachdem sich die Londoner zunächst gefragt hatten, wo denn wohl ihre Königin stecke, begannen sie, Mutmaßungen über deren Affäre mit dem Grafen Königsmarck anzustellen: War der 1683 geborene Georg August tatsächlich der Sohn Georgs I.? Würde nach dessen Tod eines Tages wirklich ein König aus dem Hause Hannover auf dem englischen Thron sitzen? Oder war der spätere Georg II. vielleicht doch ein Spross des verschwundenen Grafen? Dann würden demnächst wohl die Königsmarcks über das Inselreich herrschen. Irgendwann aber ging auch dieser Klatsch im politischen Alltag unter.

So verstrich die Zeit. Inzwischen stand Sophie Dorothea schon im 60. Lebensjahr. Hatte sie nicht lange genug gebüßt? War es nicht allmählich Zeit, ihre Gefangenschaft zu beenden? Schon nach dem Tod ihres Vaters 1705 hatte sie sich vergebens Hoffnungen gemacht, endlich wieder freizukommen. Und jetzt, nach weiteren 20 Jahren, schien es endlich wieder eine reelle Chance zu geben. Irgendjemand – die Mutter war bereits 1722 verstorben – hatte Sophie Dorothea berichtet, dass Georg I. im Spätsommer 1725 in Hannover mit seiner Tochter Sophie Dorothea und deren königlichem Gemahl Friedrich Wilhelm I. zusammentreffen wollte. Das brachte die „Prinzessin von Ahlden" auf die Idee, durch Mittelsleute Kontakt zu ihrer Tochter aufzunehmen und diese zu bitten, bei Georg I. ein gutes Wort für sie und ihre Freilassung einzulegen. Der Anlass hätte schöner kaum sein können – die geplante englisch-preußische Doppelhochzeit ihrer Enkelkinder: Der preußische Kronprinz Friedrich sollte seine englische Cousine Amalie heiraten, und die 1709 geborene Wilhelmine von Preußen war als Braut für Friedrich Ludwig (1707–1751) ausersehen, den späteren englischen Thronfolger. Und Sophie Dorothea war die gemeinsame Großmutter der vier jungen Leute!

Doch die Antwort, die sie aus Berlin von ihrer Tochter erhielt, fiel enttäuschend aus. Die Preußenkönigin schrieb, sie könne in diesem Augenblick, da Friedrich Wilhelm I. seinen Schwiegervater zum Bundesgenossen haben wolle, auf keinen Fall wagen, ihn wegen dieser Sache anzusprechen. Später, in einer günstigeren politischen Situation, würde sie alles daran setzen, ihrer Mutter zu helfen.

Aber das waren nur leere Worte. Eine solche Situation ergab sich nämlich nicht mehr. Zwar schlossen beide Könige wie geplant am 3. September 1725 das Bündnis von Herrenhausen, die englisch-preußische Doppelhochzeit kam jedoch nicht zustande. So musste Sophie Dorothea auch ihre letzten Hoffnungen begraben und bis zum Tod auf Schloss Ahlden ausharren. Allzu viel Zeit blieb ihr ohnehin nicht mehr.

Letzte Lebensmonate

Gesundheitliche Probleme verdüsterten den Lebensabend der „Prinzessin von Ahlden“. Selbstverständlich stand ihr jederzeit ein Arzt zur Verfügung, doch es hatte den Anschein, als habe Sophie Dorothea bereits mit ihrem Leben abgeschlossen. Im Sommer 1726 wurde sie ernsthaft krank, litt unter Verdauungsbeschwerden und starken Schmerzen, lehnte jedoch eine Behandlung ab. Vermutlich hätte ihr ein Arzt mit den damals üblichen Allheilmitteln wie Klistier und Aderlass ohnehin nicht mehr helfen können. Sophie Dorothea starb am 13. November 1726 im Alter von 60 Jahren. Die Obduktion ergab, dass ihre Leber nicht mehr richtig funktionierte, außerdem fand man in ihrem Körper 60 Gallensteine, die die starken Schmerzen verursacht haben dürften.

Georg I., dem „Witwer“, wäre es am liebsten gewesen, man hätte die Verstorbene sang- und klanglos in Ahlden beerdigt. Doch wegen des hohen Grundwasserstandes gab es in der dortigen Kirche kein Grabgewölbe. So dauerte es zwei Monate, bis Sophie Dorothea endlich beigesetzt werden konnte. Nachdem Georg I. seine Genehmigung erteilt hatte, fand sie Ende Januar 1727 in der Fürstengruft der Stadtkirche von Celle ihre letzte Ruhestätte. Dass ihr Sohn schon bald als Georg II. neuer König von England wurde, hat Sophie Dorothea nicht mehr erlebt.

Georg I. starb bereits am 11. Juni 1727 während einer Reise durch sein Kurfürstentum in Osnabrück. Wie er es testamentarisch bestimmt hatte, wurde sein Leichnam nach Hannover überführt und in der Kapelle des Leineschlosses beigesetzt. Nachdem die Schlosskapelle im Zweiten Weltkrieg zerstört worden war, brachte man die Sarkophage Georgs I. sowie die seiner Eltern in das Welfenmausoleum im Berggarten von Herrenhausen. Nur der Geist des Grafen Königsmarck irrt noch immer ruhelos umher …

Als frischgebackene Prinzessin von Wales kam Caroline von Ansbach (1683–1737) gemeinsam mit ihrem Gemahl und dem königlichen Schwiegervater 1714 nach London. Schon lange vor der Thronbesteigung Georgs II. 1727 musste sie repräsentative Pflichten übernehmen und den leeren Platz an der Seite Georgs I. ausfüllen. Caroline meisterte alle Aufgaben mit Klugheit, Charme und diplomatischem Geschick. Ihr Tod hinterließ eine große Lücke, zumal England erst mehr als 20 Jahre später wieder eine neue Königin bekam.

Englands langjährige „First Lady“

Caroline von Brandenburg-Ansbach (1683–1737)

Vor der Hochzeit eines Thronfolgers gab es mancherlei zu bedenken: Zwar musste die künftige Gemahlin des jungen Prinzen auf jeden Fall „ebenbürtig“ sein, also aus einem regierenden Fürstenhaus stammen – doch allzu viel Macht durfte ihre Familie auch nicht haben, wollte man deren unliebsame Einflussnahme verhindern. Das bot nun den Prinzessinnen aus der deutschen Provinz die reelle Chance, einmal an der Seite eines Königs auf dem Thron zu sitzen. Die anmutige Caroline von Brandenburg-Ansbach hatte sogar die „Qual der Wahl“: Sie konnte sich gewissermaßen zwischen Preußen und England entscheiden.

England um 1680

Als Caroline am 1. März 1683 im fränkischen Ansbach das Licht der Welt erblickte, war kaum vorauszusehen, dass sie später einmal englische Königin sein würde. Damals saßen in London noch die Stuarts auf dem ziemlich wackeligen Thron – die Zeiten waren recht turbulent.

Nach der Hinrichtung seines Vaters und der darauffolgenden Militärdiktatur (1649–1658) Oliver Cromwells hatte das englische Parlament 1660 Karl II. (1630–1685) zurück aus der Verbannung geholt. Doch der anfängliche Jubel der Bevölkerung legte sich rasch. Der neue König sympathisierte nicht nur mit dem Absolutismus, sondern, nicht weniger problematisch, auch mit den Katholiken. Als er 1685 starb, ohne legitime Erben zu hinterlassen, kam mit seinem

Bruder Jakob II. (1633–1701) sogar ein Katholik auf den Thron! Doch nur drei Jahre später endete dessen Herrschaft mit der berühmten *Glorious Revolution*, bei der bekanntlich kein einziger Tropfen Blut vergossen wurde. Jakob II. war freiwillig bereit, das Land zu verlassen und zugunsten seiner ältesten Tochter Maria II. Stuart abzudanken, die nun gemeinsam mit ihrem protestantischen niederländischen Gemahl Wilhelm III. von Oranien über England herrschte. Doch die Macht des Königspaares blieb beschränkt. 1689 bestätigten Maria und Wilhelm die *Declaration of Rights*. Dieses Gesetz bestimmte, dass der Monarch in Regierungsangelegenheiten künftig die Einwilligung des Parlaments benötigte. So entwickelte sich in England die konstitutionelle Monarchie, wie sie im Wesentlichen noch heute besteht. Da auch Marias und Wilhelms Ehe kinderlos blieb, bestieg 1702 Marias jüngere Schwester Anna (1665–1714) den englischen Thron, die letzte Monarchin aus dem Hause Stuart.

Ein fürstliches Waisenkind

Während England für eine spätere Heirat Carolines damals kaum im Bereich des Möglichen lag – vielmehr hätten die niederländischen Prinzessinnen die Nase vorn gehabt –, bestand eine recht enge Verbindung zum Kurfürstentum Brandenburg-Preußen, dem späteren Königreich Preußen. Die Hohenzollern waren ja ursprünglich ein schwäbisches Geschlecht, dessen Besitzungen zwischen oberem Neckar und oberer Donau lagen. Nachdem Graf Friedrich III. von Zollern kurz vor 1192 das Amt des Nürnberger Burggrafen erhalten hatte, teilte sich das Haus um 1214 in eine schwäbische und eine fränkische Linie. Dem fränkischen Zweig gelang es noch im 13. Jahrhundert, seinen Besitz in Ober- und Mittelfranken (Kulmbach, Bayreuth und Ansbach) zu erweitern, sodass Burggraf Friedrich VI. schon der größte Territorialherr in Franken war, als er 1417 mit der Mark Brandenburg belehnt wurde.

Der brandenburgische Kurfürst Albrecht Achilles (reg. 1470–1486) legte schließlich mit der Hausordnung *Dispositia Achillea* fest, dass das Kurfürstentum Brandenburg dem erstgeborenen Sohn vorbehalten blieb, während die fränkischen Lande als Sekundogenitur unter den jüngeren Söhnen aufgeteilt werden sollten. So entstand damals auch die Markgrafschaft Ansbach, die, würde es einmal keinen männlichen Erben geben, zurück an das Kurfürstentum Brandenburg fallen sollte.*

Doch noch schien alles in bester Ordnung. Carolines Eltern, Johann Friedrich (1654–1686), der seit 1667 das Amt des Markgrafen bekleidete, und seiner zweiten Gemahlin Eleonore von Sachsen-Eisenach (1662–1696) wurde 1686 noch ein Sohn geboren: Wilhelm Friedrich, der später tatsächlich Markgraf von Brandenburg-Ansbach wurde (1703–1723).

Dann aber schlug das Schicksal zu. Caroline war erst drei Jahre alt, als ihr Vater an den Pocken erkrankte und nur wenig später im Alter von 31 Jahren starb. Die verwitwete Eleonore blieb allein mit ihren Kindern zurück, zu denen noch zwei Söhne und eine Tochter aus der ersten Ehe ihres verstorbenen Gemahls gehörten. Johann Friedrich hatte testamentarisch festgelegt, dass der inzwischen zehnjährige Christian Albrecht (1675–1692) unter der Vormundschaft des Kurfürsten Friedrich Wilhelm von Brandenburg-Preußen sein Nachfolger sein sollte. (Als der junge Ansbacher noch vor seiner Volljährigkeit starb, erbte sein jüngerer Bruder als Georg Friedrich II. (1678–1703) das Amt des Markgrafen.)

Eleonore bezog nun mit den Kindern den für sie vorgesehenen Witwensitz Crailsheim, siedelte aber wegen Erbauseinandersetzungen und verweigerter Apanagegelder bereits 1687 zu ihren Eltern nach Eisenach über. Doch das Geld war auch hier knapp, und daher schien es für die erst 25-jährige Witwe wohl das Beste zu sein, ein zweites Mal zu heiraten. Das fand auch Kurfürst Friedrich III. von Brandenburg, der dieses Amt von seinem 1688

* Das geschah tatsächlich, wenn auch nur für kurze Zeit: Markgraf Carl Alexander (1736–1806), der nicht nur über Ansbach, sondern seit 1769 auch über Bayreuth herrschte, gab das Amt 1791 nach einer nicht standesgemäßen Heirat mit einer Engländerin zurück. Damit fiel Ansbach an das Königreich Preußen. Dies änderte sich jedoch mit den Napoleonischen Kriegen. Nach seinem Sieg bei Austerlitz 1806 erzwang Napoleon die Abtretung der fränkischen Territorien Ansbach und Bayreuth, die seitdem zu Bayern gehören.

verstorbenen Vater übernommen hatte und jetzt als neuer Vormund der Kinder des verstorbenen Markgrafen fungierte. Dessen Bemühungen wurden schließlich von Erfolg gekrönt: 1692 heiratete Eleonore den sächsischen Kurfürsten Johann Georg IV. (1668–1694), den älteren Bruder Augusts des Starken. Auf den ersten Blick schien das eine „gute Partie" zu sein, doch die Ehe mit dem sechs Jahre Jüngeren wurde ausgesprochen unglücklich und blieb auch kinderlos. Johann Georg beachtete die ihm angetraute Eleonore nämlich kaum und widmete sich lieber seiner schönen Mätresse Magdalena Sybilla von Neitschütz. Dann aber wiederholte sich das tragische Schicksal, denn schon 1694 starb auch der junge Kurfürst an den Pocken. Eleonore war zum zweiten Mal Witwe geworden. Die Familie des Verstorbenen wies ihr als Witwensitz Schloss Pretzsch an der Elbe zu, wo sie sich nun ganz ihren Kindern verschrieb. Vermutlich wird Caroline diese Zeit in schönster Erinnerung behalten haben, doch es waren die letzten Monate im Leben ihrer Mutter. Am 9. September 1696 machte Eleonores Tod die 13-jährige Caroline und ihren zwei Jahre jüngeren Bruder zu Waisenkindern.

Neue Heimat an der Spree

Wieder verlor Caroline ihr Zuhause. Nach Ansbach, Crailsheim, Eisenach und Dresden musste sie nun auch Pretzsch wieder verlassen. Während ihr Bruder Wilhelm Friedrich zurück nach Ansbach ging, um zum möglichen Nachfolger seines Halbbruders, des seit 1692 regierenden Georg Friedrich II., erzogen zu werden, wurde sie selbst von ihrem Vormund, dem brandenburgischen Kurfürsten Friedrich III., aufgenommen und fand eine neue Heimat im Berliner Stadtschloss.

Vermutlich wird die erste Zeit an der Spree sehr schwer gewesen sein. Caroline trauerte um ihre verstorbene Mutter, der sie sich so eng verbunden gefühlt hatte. In Berlin war alles neu und fremd, und sie brauchte sicher einige Zeit, um sich einzugewöhnen. Doch irgendwann wird Caroline wohl erkannt haben, dass sie es eigentlich recht gut angetroffen hatte. Ihre junge „Pflegemutter“ Sophie Charlotte (1668–1705) aus dem Hause Hannover, die Gemahlin des Kurfürsten Friedrich III., war nicht nur eine geistreiche und überaus gebildete Fürstin, sie sorgte auch für eine umfassende Ausbildung ihres wissbegierigen Schützlings. Caroline, ein aufgewecktes und intelligentes junges Mädchen, erwies sich als gelehrige Schülerin, lernte Englisch und Französisch, musizierte leidenschaftlich gern und interessierte sich brennend für Philosophie. Nach der Einweihung von Schloss Litzenburg 1699 (das seit Sophie Charlottes Tod 1705 den Namen „Charlottenburg“ trägt) gehörte Caroline ganz selbstverständlich jenem Kreis gebildeter Damen an, mit denen sich Kurfürstin (seit 1701 Königin)* Sophie Charlotte zu umgeben pflegte. Aber auch Wissenschaftler und Philosophen waren im Lustschloss vor den Toren Berlins gern gesehene Gäste. Der „Star“ unter ihnen war der Universalgelehrte Gottfried Wilhelm Leibniz (1646–1716), zunächst in diplomatischen Diensten Hannovers stehend, seit 1700 Präsident der Berliner Akademie der Wissenschaften. Mit den fürstlichen Damen diskutierte Leibniz im wahrsten Sinne des Wortes über Gott und die Welt und begeisterte auch Caroline mit seinen brillanten Ideen wie der Theorie der prästabilierten Harmonie, der von Gott festgelegten Weltordnung, die er später in seinem Sophie Charlotte gewidmeten Werk *Theodizee* veröffentlichte.

Ein preußischer Bräutigam?

Carolines „Pflegeeltern“ hatten nur ein einziges Kind, den 1688 geborenen Sohn Wilhelm Friedrich. Sophie Charlotte liebte ihren kleinen Sohn abgöttisch, obwohl er ihr das Leben nicht gerade leicht machte. Das lag zum Teil aber auch an der preußischen Königin selbst, die den kleinen Kronprinzen ganz entgegen seinen Veranlagungen zu einem *gentilhomme,* einem gebildeten, musisch

* Im Januar 1701 krönte sich Kurfürst Friedrich III. in seiner Geburtstadt Königsberg selbst zum König „in“ Preußen.

begabten und kultivierten Fürsten erziehen (lassen) wollte. Doch Wilhelm Friedrich widersetzte sich erfolgreich allen pädagogischen Bemühungen. Er hasste die höfische Etikette schon als Kind, verabscheute die elegante französische Kleidung, die er nach dem Willen der Mutter tragen musste, und machte sich absolut nichts aus Gelehrsamkeit. Schon als kleiner Junge liebte er hingegen alles Militärische, und bekanntlich ging er später auch als „Soldatenkönig“ in die Geschichte ein. Gleichzeitig machte ihm sein aufbrausendes Temperament erheblich zu schaffen. Er prügelte sich gern, nicht nur mit seinem fünf Jahre älteren Cousin Georg August von Hannover, und ging mitunter sogar auf seinen Lehrer los. Dann hielt er dem bedauernswerten Erzieher Rébeur den Mund zu, zerrte ihn am Hemdkragen oder schlug ihn gar mit den Fäusten, sodass der Pädagoge tagelang mit blauen Flecken umherlief. Anschließend wurde dem Kronprinzen dann aber bewusst, was er angerichtet hatte, und er war ehrlich zerknirscht und entsetzt darüber, dass er sich so wenig unter Kontrolle hatte. Den Damen gegenüber verhielt sich Friedrich Wilhelm meist demonstrativ unhöflich, nur wenn er Caroline begegnete, senkte er verschämt den Kopf und errötete. Es war kaum zu übersehen, dass er sich heimlich in die hübsche Ansbacherin verliebt hatte.

Und Caroline? Es ist kaum anzunehmen, dass sie die zarten Gefühle des Kronprinzen erwiderte. Zum einen war Wilhelm Friedrich fünf Jahre jünger als sie, zum anderen schien sich der Heranwachsende auch nicht gerade zu einem „Traummann“ zu entwickeln. Schon früh offenbarten sich seine Neigung zu starkem Übergewicht sowie seine Ablehnung der höfischen Etikette und der damit verbundenen Prachtentfaltung hinsichtlich Kunst und Kultur.

Nach sieben Jahren ging Carolines Berliner Zeit ohnehin zu Ende. Nachdem ihr Halbbruder Georg Friedrich II. im März 1703 auf dem Schlachtfeld seinen tödlichen Verletzungen erlegen war, wurde ihr knapp 18-jähriger Bruder Wilhelm Friedrich neuer Markgraf von Brandenburg-Ansbach. Nun hieß es für Caroline, Abschied von Berlin zu nehmen und in ihre fränkische Heimat zurückzukehren. Die nächsten zwei Jahre verbrachte sie bei ihrem Bruder im

Ansbacher Residenzschloss und wartete geduldig ab, welcher Prinz wohl um ihre Hand anhalten würde. Er sollte allerdings wie sie selbst unbedingt dem protestantischen Glauben angehören.

Die heimlichen Ehestifterinnen

Im Februar 1705 erhielt Caroline die traurige Nachricht, dass ihre langjährige Pflegemutter Sophie Charlotte im Alter von 36 Jahren gestorben war. Die preußische Königin hatte sich auf der Reise nach Hannover bei eisigem Winterwetter eine schwere Lungenentzündung zugezogen, von der sie sich nicht mehr erholte. Was Caroline nicht ahnte: Vor ihrem Tod hatte Sophie Charlotte gemeinsam mit ihrer Mutter, Kurfürstin-Witwe Sophie von Hannover, heimliche Pläne entwickelt, um nicht nur ihren Sohn, sondern auch die Kinder ihres ältesten Bruders, des jetzigen Kurfürsten Georg Ludwig von Hannover, möglichst vorteilhaft zu verheiraten.

Bei diesen Kindern handelte es sich um den 1683 geborenen Kurprinzen Georg August und seine vier Jahre jüngere Schwester Sophie Dorothea. Die Mutter der beiden war die unglückliche „Prinzessin von Ahlden", die seit der Scheidung von ihrem Gemahl 1695 unter Hausarrest stand (vgl. S. 28ff.) und ihre Kinder nie mehr wiedergesehen hat. Folglich betätigten sich nun Schwiegermutter und Schwägerin eifrig als fürstliche Ehestifterinnen. Der Plan der beiden Damen sah Folgendes vor: Auch wenn Kronprinz Friedrich Wilhelm von Preußen noch immer in die hübsche Caroline von Ansbach verliebt sein mochte, so sollte er doch eine Andere heiraten: seine nur ein Jahr ältere Cousine Sophie Dorothea. Auf diese Weise würde es in Berlin auch künftig eine „Außenstelle" der Hannoveraner geben – politische Einflussnahme nicht ausgeschlossen. Hingegen war die kluge und umfassend gebildete Caroline als künftige Gemahlin für den gleichaltrigen Georg August vorgesehen, nicht zuletzt, um der Gesellschaft im alten Leineschloss in Hannover ein wenig Glanz zu verleihen. Dabei hatten die beiden raffinierten Ehestifterinnen auch sicher schon im Auge, dass der Kurprinz irgendwann einmal die englische Krone tragen und eine repräsentable Königin an seiner Seite brauchen würde.

Doch nun war die eine Ehestifterin tot, und Friedrich I., der Witwer, liebäugelte genau wie der Kronprinz selbst mit Caroline von Ansbach als Schwiegertochter. Der Preußenkönig legte nämlich wenig Wert darauf, sich mit Prinzessin Sophie Dorothea noch eine Hannoveranerin nach Berlin zu holen – Verwandtschaft hin oder her. Fast sah es so aus, als sei das sorgfältig ausgetüftelte Heiratsprojekt zum Scheitern verurteilt; dann aber lief die greise Sophie von Hannover noch einmal zur Höchstform auf, bereit, das „Testament" ihrer verstorbenen Tochter mit allen Mitteln zu vollstrecken, wenn es sein musste, auch durch Tricks und Intrigen.

Sophie sorgte dafür, dass Kurprinz Georg August während einer Reise durch Süddeutschland „zufällig" auch in Ansbach Station machte und dort mit Prinzessin Caroline zusammentraf. Anders als der preußische Kronprinz schien Georg August zumindest vom Alter her gut zu ihr zu passen. Was sich nun in Ansbach ereignete, erfahren wir aus einem Brief, den Sophie von Hannover am 27. Juli 1705 an Preußenkönig Friedrich I. schickte. Darin heißt es, „dass mein Enkel, der Kurprinz, das Glück haben soll, die liebe Prinzessin von Ansbach aus Eurer Majestät Hause zu heiraten. Man muss das wohl für ein Werk der Vorsehung halten, denn vor einem Jahr hatten wir beide noch ganz andere Gedanken im Kopf. Mein Sohn, der Kurfürst, hatte seinem Sohn zwar anheimgestellt, eine Prinzessin zu wählen, die er wollte, aber seine Neigung hat ihn ganz inkognito nach Ansbach geführt, wo er eine Stunde lang unter dem Namen von Busche mit der Prinzessin gesprochen hat und sich so sehr in sie verliebte, dass er sich nach keiner anderen mehr umsehen wollte. Anscheinend hatte sie ihn wegen seines guten Rufes schon von vornherein im Sinn. Die Prinzessin sollte, scheint's, einen meiner Enkel haben, denn meinem Kronprinzen gefiel sie auch; ich glaube indessen, dass Eure Majestät sie für den lieben Prinzen zu alt gefunden haben, sonst hätte Sie sie sich wohl nicht entgehen lassen. Gott wolle den lieben Kronprinzen auch so nach Wunsch versorgen, auf dass Ihre Majestät und wir alle Freude daran haben …"

Man kann sich gut vorstellen, wie wütend der Preußenkönig und sein Sohn waren, als sie diese heuchlerischen Zeilen lasen. Sophie hatte die beiden einfach vor vollendete Tatsachen gestellt. Von wegen „Vorsehung“! „Eure Kurfürstliche Hoheit täten besser zu sagen, dass diese Heirat wohl schon zu Charlottenburg eingefädelt worden sei, und ich bitte doch gar sehr, mich nicht für einen Tölpel zu halten“, antwortete Friedrich I. in ungewöhnlich scharfem Ton.

Und Caroline? Wie alle anderen Prinzessinnen damals wurde auch sie nicht nach ihrer Meinung gefragt. Die Hochzeit mit Georg August war nun einmal beschlossene Sache, und damit hatte sich die junge Frau abzufinden. Alle Einwände wären ohnehin zwecklos gewesen.

(Das galt übrigens auch für Sophie Dorothea von Hannover, die am 16. Juni 1706 mit dem preußischen Kronprinzen vor den Traualtar trat.)

Hochzeit in Hannover

Nun sollte alles ganz schnell gehen. Schon am 2. September 1705 heiratete Caroline den Kurprinzen von Hannover und späteren König von England. Schauplatz des feierlichen Ereignisses war Schloss Herrenhausen, der Witwensitz von Sophie, der mit seinem prachtvollen Barockgarten ein passendes Ambiente bot.

Ob Caroline ihren etwas spröden Gemahl wirklich mochte, sei dahingestellt. Von der kurfürstlichen Familie wurde sie jedenfalls mit offenen Armen aufgenommen. Besondere Zuneigung brachte ihr vor allem die „Ehestifterin“ Sophie entgegen, und daran sollte sich bis zu deren Tod 1714 auch nichts mehr ändern.

Nach dem Ende der Feierlichkeiten zog das junge Paar ins Alte Leineschloss nach Hannover. Hier kam am 31. Januar 1707 das erste Kind zur Welt, Sohn Friedrich Ludwig, der spätere Prinz von Wales.* Bald wurden drei weitere Kinder geboren: Anna (1709–

* Den englischen Thron hat Friedrich Ludwig jedoch nie bestiegen. Er starb bereits 1751, neun Jahre vor seinem Vater Georg II.

1759), Amalia (1711–1768) und Caroline Elisabeth (1713–1757). Caroline scheint sich in ihrer neuen Heimat ohne größere Probleme eingelebt zu haben. Sie kümmerte sich um die Kinder, pflegte die alte Freundschaft mit dem Philosophen Leibniz und wurde so etwas wie die „Gesellschafterin" der Kurfürstin-Witwe Sophie, bei der sie häufig zu Gast war. Außerdem genoss Caroline das kulturelle Leben in Hannover und die musikalischen „Highlights", wie wir auch aus einem Brief erfahren, den Sophie am 4. Juni 1710 an ihre preußische Enkelin Sophie Dorothea schrieb: „Ich besuche täglich unsere Kurprinzessin, die sich nun (nach einer Fehlgeburt) wohl befindet und nicht mehr zu Bett liegt; sie ergötzt sich an der Musik eines begabten Sachsen, die alles übertrifft, was ich je auf dem Klavier und der Komposition gehört habe. Man hat ihn in Italien sehr gefeiert …"

Der „begabte Sachse" war kein anderer als der aus Halle an der Saale stammende Georg Friedrich Händel (1685–1759). Er hatte schon als 18-jähriger am Hamburger Opernhaus gewirkt, bevor er seine künstlerische Laufbahn in Florenz, Rom und Venedig fortsetzte. Am 15. Juni 1710 wurde er auf Betreiben des jüngsten Sohnes Sophies in Hannover zum kurfürstlichen Kapellmeister ernannt. Allerdings unternahm er noch im Herbst des gleichen Jahres eine Reise nach England, von der er erst im Juni 1711 zurückkehrte – aber nur, um Deutschland im Dezember des darauffolgenden Jahres für immer den Rücken zu kehren. Doch Caroline sollte dem „begabten Sachsen" schon bald in London wieder begegnen – sie konnte aber nicht ahnen, wie bald.

Am 8. Juni 1714 begleitete Caroline wie so oft die greise Kurfürstin-Witwe Sophie bei einem ihrer täglichen Spaziergänge durch den Großen Garten von Herrenhausen. Sophie selbst hatte diesen Park anlegen lassen und liebte ihn über alles: „Der Garten ist mein Leben", das hatte sie mehrmals gesagt. An diesem Abend schien alles wie üblich zu verlaufen. Die Hofdamen waren an ihrer Seite, man plauderte und lachte, doch plötzlich begann Sophie zu schwanken und hielt sich die Hand vor den Magen. Als Caroline erschrocken fragte, was denn los sei, antwortete die Kurfürstin-Witwe mit schwacher Stimme: „Mir ist nicht gut, geben Sie mir ihre Hand." Caroline ergriff rechtzeitig Sophies Hand, bevor die alte Dame bewusstlos wurde und, von ihren Begleiterinnen vorsichtig gestützt, zu Boden sank. Wenige Augenblicke später war Sophie tot. Sie hatte es nicht mehr geschafft, Königin von England zu werden.

Umzug nach London

Durch Sophies Tod wurde Carolines Schwiegervater, Kurfürst Georg Ludwig, erwartungsgemäß der neue „Erbe Englands". Er ahnte wohl nicht, dass er dieses Erbe schon kurze Zeit später antreten musste, denn bereits am 1. August 1714 starb Anna, die letzte englische Königin aus dem Hause Stuart.

Von Anfang an stand fest, dass auch Caroline und Georg August, das neue Thronfolgerpaar, zusammen mit Georg I. nach London übersiedeln würden. Schließlich hatte nicht nur der Prinz von Wales dort repräsentative Aufgaben zu übernehmen, auch Caroline musste eine große Lücke füllen: Da es keine Königin gab, weil die bekanntlich auf Schloss Ahlden gefangen gehalten wurde, war die Rolle der englischen „First Lady" neu zu besetzen. Und da eine Mätresse Georgs I. dafür natürlich nicht infrage kam, wurde nun Caroline mit dieser Aufgabe betraut. Sie war nicht nur charmant und intelligent, auch ihr Englisch war anscheinend wesentlich besser als das ihres Gemahls und ihres Schwiegervaters.

Im Oktober 1714 fand der Umzug nach London statt – allerdings ohne den ältesten Sohn Friedrich Ludwig, der auch weiter in Hannover erzogen werden sollte. Unmittelbar nach der Thronbesteigung seines Großvaters Georg I. rückte dieser junge Prinz aber plötzlich in den Fokus des Interesses des preußischen Königshauses. Seit dem Tod Friedrichs I. 1713 war dessen Sohn Friedrich Wilhelm I. neuer König von Preußen, und Sophie Dorothea, seine ehrgeizige Gemahlin, plante bereits die glorreiche Zukunft ihrer 1709 geborenen Tochter Wilhelmine und des Kronprinzen Friedrich, der 1712 das Licht der Welt erblickt hatte. Und so machte sie ihrer Schwägerin Caroline nun folgenden Vorschlag: Der kleine

Fritz sollte eines Tages seine englische Cousine Amalie heiraten, während sich Wilhelmine mit dem 1707 geborenen Friedrich Ludwig vermählen sollte. Zwar lag das alles noch in ferner Zukunft, doch solche Heiratspläne konnten schließlich nicht früh genug geschmiedet werden. Anscheinend war auch Caroline von der Idee recht angetan. Zumindest befand sich unter den Weihnachtsgeschenken, die sie im Dezember 1714 nach Berlin schickte, auch ein „Verlobungsring" für Fritzchen, der aus den Haaren der kleinen Amalie geflochten war.

Während Friedrich Ludwig also in Hannover blieb, bezog der Rest der Familie eine Wohnung im *St. James Palace*, Residenz der englischen Könige bis 1837. Caroline wuchs problemlos in ihre neue Aufgabe hinein und wurde als „First Lady" rasch zum Mittelpunkt der Gesellschaft. In London traf sie nicht nur den „begabten Sachsen" Georg Friedrich Händel wieder, der hier inzwischen als Hofmusiker angestellt war, sie machte auch Bekanntschaft mit der englischen Schriftstellerin Lady Mary Montagu (1689–1762). Lady Montagu war eine faszinierende Persönlichkeit. Sie war nicht nur hoch gebildet, sondern schrieb außerdem interessante Reiseberichte über ihre Aufenthalte auf dem Kontinent. Dabei machte sie einmal auch Station in Hannover, war von der Residenzstadt des Kurfürstentums aber nicht sonderlich angetan. Beeindruckt hat sie offenbar nur das Alte Leineschloss. Anfang 1716 siedelte die Lady nach Istanbul über, nachdem ihr Mann zum Botschafter am Osmanischen Hof ernannt worden war. Bis zu ihrer Rückkehr zwei Jahre später schrieb sie – auch an Caroline – zahlreiche Briefe, in denen sie vom faszinierend fremden Leben im Orient berichtete.

Während ihrer Ausbildung in Berlin hatte Caroline nicht nur gelernt, wie man in höfischen Kreisen Small Talk hält, sondern sich zudem mit Themen aus Kunst, Kultur und Wissenschaft vertraut machen können. Das machte sie nun zu einer begehrten Gesprächspartnerin und idealen Repräsentantin des neuen Königs, der selbst eher zurückhaltend auf seine englischen Untertanen zuging. In London wurde Georg I. nie so richtig heimisch. So oft es ging, reiste er „nach Hause" nach Hannover und besuchte sein geliebtes Herrenhausen, für ihn eine Oase der Ruhe ohne lästige repräsentative Pflichten. In dieser Zeit mussten ihn Georg August und Caroline selbstverständlich in London vertreten und faktisch die Regentschaft übernehmen.

Familienstreit

Wie in fürstlichen Familien nicht unüblich, war auch das Verhältnis Georgs I. zu seinem ältesten Sohn spürbar belastet. Oft genug musste Caroline zwischen beiden vermitteln und den Familienfrieden notdürftig wiederherstellen. Drei Jahre nach ihrer Ankunft in London kam es jedoch zum offenen Bruch zwischen König und Thronfolger. Der Anlass war eher banal: Caroline hatte soeben ihr fünftes Kind zur Welt gebracht, Sohn Georg Wilhelm (1717–1718). Vor der Taufe des kleinen Prinzen entbrannte ein heftiger Streit um die Patenschaft, der schließlich mit einem Eklat endete. Nach wüsten Beschimpfungen warf Georg I. wutentbrannt seinen Sohn aus dem *St. James Palace* und erteilte ihm Hausverbot. Caroline folgte ihrem Gemahl nur schweren Herzens, denn sie musste ihre Kinder beim König zurücklassen.

Nun wurde das im 17. Jahrhundert erbaute *Leicester House* (Ende des 18. Jahrhunderts abgerissen) am gleichnamigen Platz das neue Zuhause des Thronfolgerpaares und gleichzeitig Treffpunkt der Opposition. Seit der *Glorious Revolution* 1688 war England bekanntlich eine parlamentarische Demokratie, wie sie im Wesentlichen noch heute besteht. Der Monarch (egal ob männlichen oder weiblichen Geschlechts) erhielt die Krone vom Parlament, während das Kabinett im Namen des Herrschers die Regierungsgeschäfte führte. Schon damals gab es zwei parlamentarische Gruppen, gewissermaßen die Vorläufer der heutigen Parteien: die *Whigs* (Liberale) und die *Tories* (Konservative).

Als *Whigs* (ursprüngliche Bezeichnung für die schottisch-presbyterianischen Anführer) wurden ab 1680 die Gegner der katholischen Thronfolge bezeichnet, die zugleich für größere Freiheiten des Parlaments gegenüber der Krone eintraten. Die *Tories* (ursprüngliche Bezeichnung für geächtete irische Rebellen) hingegen verkörperten die königstreue Hofpartei. *Whigs* und *Tories* entwickelten das Wechselspiel von Regierung und Opposition und wachten gemeinsam über die Rechte des Parlaments.

Zu den oppositionellen *Whigs*, die sich nun im *Leicester House* versammelten, gehörte auch der bedeutende Politiker Robert Walpole (1676–1745), später der erste Premierminister Großbritanniens (1721–1742). Dank seiner Vermittlung und Carolines tatkräftiger Unterstützung gelang es 1720, den unheilvollen Streit zwischen Vater und Sohn endlich beizulegen.

Nun wurden die Zeiten wieder ruhiger. Caroline hatte ein wenig Muße zum Lesen und Musizieren, ihre 1709 geborene Tochter Anna erhielt Musikunterricht von Georg Friedrich Händel, dessen Opern und Musikstücke regelmäßig bei Hof aufgeführt wurden. Die bekannte „Wassermusik" hat der Komponist eigens der Prinzessin von Wales gewidmet.

1719 hatte Caroline *Richmond Lodge* in der Nähe von Kew zum Geschenk erhalten, eine idyllische Sommerresidenz mit weitläufigem Garten. Hier konnte die Thronfolgerfamilie ein wenig Abstand vom hektischen Londoner Treiben gewinnen und sich auch der wachsenden Kinderschar widmen: Nachdem mit Wilhelm August (1721–1765) endlich wieder ein Sohn zur Welt gekommen war, wurden noch zwei Töchter geboren, Maria (1723–1772) und Louisa (1724–1751).

Königin Caroline

Inzwischen stand Caroline schon im 45. Lebensjahr. Ihre Ehe mit Georg August war – im Vergleich zu anderen fürstlichen Paaren – recht harmonisch. Der Thronfolger scheint seine Frau wirklich geliebt zu haben, trotz des einen oder anderen Seitensprungs und der unvermeidlichen Mätresse, die natürlich auch er an seiner Seite hatte. Er schätzte Caroline als kluge und diplomatische Ratgeberin, die ihm ihre Meinung niemals aufdrängte, sodass er stets den Eindruck haben musste, selbst zu der Entscheidung gekommen zu sein. Sie war eine geduldige Zuhörerin, aber auch sein „Blitzableiter", wenn er einen seiner berühmt-berüchtigten Wutanfälle bekam. War er auf Reisen, dann schrieb er Caroline jeden Tag einen langen Brief, in dem er seiner Wertschätzung für sie Ausdruck verlieh: „Gebe Gott, dass ich so sein könnte wie Du, die ich so sehr bewundere, und dass ich von Deinem Vorbild all die Tugenden lernen könnte, die Du mir beigebracht hast, zu fühlen und zu lieben …"

Am 22. Juni 1727 starb Georg I. auf einer seiner vielen Reisen nach Hannover. Jetzt wurde sein Sohn als Georg II. neuer König und Caroline englische Königin. Die Krönung fand am 11. Oktober traditionell in der *Westminster Abbey* statt. Caroline trug zu diesem Anlass einen hermelinbesetzten Umhang aus Purpursamt und eine so reich mit Juwelen bestickte Robe, dass man ihr während der Krönungszeremonie beim Niederknien und Aufstehen behilflich sein musste. Mit einem opulenten Bankett in *Westminster Hall* gingen die Feierlichkeiten zu Ende, und Georg II. konnte sein Amt nun auch offiziell antreten.

Nicht zuletzt dank der Bemühungen von Premierminister Walpole, der England aus den Zwistigkeiten auf dem Kontinent heraushalten und seinen wirtschaftlichen Aufstieg vorantreiben konnte, erlebte das Inselreich damals eine längere Periode des Friedens.

Schon im 17. Jahrhundert hatte sich England zur führenden See- und Handelsmacht entwickelt, mit Handelsniederlassungen in Indien und Siedlungen in Nordamerika. Hier hatte Sir Walter Raleigh bereits Ende des 16. Jahrhunderts die erste englische Kolonie gegründet, der er zu Ehren der „jungfräulichen Königin" Elisabeth I. den Namen „Virginia" gab. Schließlich verfügte man über 13 englische Siedlungskolonien, die sich weitgehend selbst regierten und wirtschaftlich einen bedeutenden Aufschwung nahmen. Aber auch das Mutterland blühte auf. Das Großbürgertum – Unternehmer, Kaufleute und Bankiers – erlangte jetzt auch politische Macht, zum Teil sogar schon Zugang zum Parlament. Das wirtschaftliche Schwergewicht lag in Handel und Gewerbe. Vor allem die Textilindustrie „boomte", nicht nur durch die in England selbst gewonnene Wolle, sondern auch durch die aus Übersee importierte Baumwolle.

Caroline nahm regen Anteil an der Politik und war für Robert Walpole das geeignete „Sprachrohr", um sich Zugang zum König zu verschaffen. Georg II. hatte vollstes Vertrauen zu seiner klugen Frau. Wenn er, wie schon sein Vater, immer wieder nach Hannover reiste, ernannte er Caroline zur Regentin – und nicht seinen ältesten Sohn Friedrich Ludwig, der erst 1728 nach London gekommen war. Das Verhältnis von König und Thronfolger war nämlich genauso schlecht, wie es seine eigene Beziehung zu Georg I. gewesen war.

Auch als Königin förderte Caroline Kunst, Kultur und Wissenschaft, empfing englische Dichter an ihrem Hof und pflegte ihre Freundschaft zu Georg Friedrich Händel. Der berühmte französische Philosoph Voltaire (1694–1778), der von 1726 bis 1728 in England gelebt und am Hof verkehrt hatte, meinte damals ungewohnt schmeichlerisch, die Königin sei „zur Ermutigung der Künste und zum Wohl der Menschheit geboren … Sie ist ein liebenswürdiger Philosoph auf dem Thron."

Carolines letzte Lebensjahre

Inzwischen war das große Projekt der englisch-preußischen Doppelhochzeit geplatzt, der Plan, den vor allem Königin Sophie Dorothea von Berlin aus so ambitioniert vorangetrieben hatte. Solange Georg I. auf dem Thron saß, standen die Chancen zwar gar nicht schlecht. Doch sein Sohn und Nachfolger verspürte nur wenig Neigung, mit seinem ungeliebten Vetter weitere verwandtschaftliche Bindungen einzugehen. Spätestens 1729 war der Plan nur noch Makulatur. Inzwischen hatte Prinzessin Wilhelmine von Preußen den Markgrafen von Bayreuth geheiratet, und Kronprinz Friedrich war 1733 widerwillig mit Elisabeth Christine von Braunschweig-Bevern vor den Traualtar getreten.

Doch Friedrich Ludwig fand durch Vermittlung seines Vaters eine andere Braut*: Im Frühjahr 1736 vermählte er sich mit Augusta von Sachsen-Gotha-Altenburg (1719–1772), einer stillen und anpassungsfähigen jungen Dame. Aus dieser Ehe gingen neun Kinder hervor, darunter auch der nachmalige Georg III. sowie

* Hingegen blieb Prinzessin Amalia bis zu ihrem Lebensende unverheiratet.

die bedauernswerte Caroline Mathilde, spätere Gemahlin des dänischen Königs Christian VII. (Sie musste nach der unseligen Struensee-Affäre das Land verlassen und starb wenig später auf Schloss Celle.)

Caroline hat die wachsende Schar ihrer Enkelkinder nicht mehr kennenlernen dürfen. Schon zur Hochzeit des Prinzen von Wales litt sie unter massiven gesundheitlichen Problemen, Koliken und Anfällen von Übelkeit. Auch eine Unterleibsoperation konnte ihr nicht mehr helfen. Ende 1737 zeichnete sich ab, dass Caroline im Sterben lag. Georg II. war verzweifelt und wollte nicht hinnehmen, dass seine langjährige Gefährtin und Beraterin tatsächlich dem Tod geweiht war. Auf ihrem Sterbebett soll Caroline dem Gemahl geraten haben, am besten ein zweites Mal zu heiraten. Georg aber soll diesen Vorschlag empört zurückgewiesen und geantwortet haben: „Nein, ich werde mir Mätressen nehmen!“ Daraufhin meinte Caroline aus eigener leidvoller Erfahrung nur lakonisch: „Mein Gott, das eine schließt das andere doch nicht aus.“

Die Königin starb am 1. Dezember 1737 und fand in der *Westminster Abbey* ihre letzte Ruhestätte. Das Requiem für die Trauerfeier schrieb natürlich kein anderer als Georg Friedrich Händel.

Georg II. hat Carolines Rat nicht befolgt und nicht wieder geheiratet, obwohl er noch viele Jahre vor sich hatte. Er überlebte nicht nur seine Gemahlin, sondern auch den Prinzen von Wales, der schon 1751 einem nicht näher bekannten Leiden erlag. Als Georg II. 1760 im Alter von 77 Jahren die Augen für immer schloss, bestieg daher sein 1738 geborener Enkel den Thron, der dritte englische König dieses Namens.

„Das Taschentuch ist weit geworfen", notierte ein höfischer Beobachter, als er von der geplanten Hochzeit Georgs III. erfuhr. Die junge Braut, Charlotte von Mecklenburg-Strelitz (1744–1818), stammte aus dem kleinen Örtchen Mirow in der norddeutschen Provinz und kannte ihren künftigen Gemahl überhaupt nicht. Und doch erwies sie sich als Glücksgriff für den englischen König: Sie brachte nicht nur 15 Kinder zur Welt, sondern war ihrem Gemahl jederzeit eine treue Begleiterin und wichtige Stütze.

„Ein ganz vortreffliches Mädchen“

Charlotte von Mecklenburg-Strelitz (1744–1818)

Es wird wohl nicht gerade ihr Traum gewesen sein, den König von England zu heiraten. Man hatte die bedauernswerte Mecklenburgerin gleichsam „ins kalte Wasser geworfen“, sie direkt aus ihrer beschaulichen Heimat Mirow nach London geschickt, in die quirlige Metropole des Inselreichs. Charlottes Vorgängerin Caroline hatte damals noch genügend Zeit gehabt, sich mit Land und Leuten vertraut zu machen, bevor sie an der Seite Georgs II. englische Königin wurde. Die erst 17-jährige Charlotte hingegen kam 1761 nicht nur in ein für sie völlig fremdes Land, sie musste auch noch einen Unbekannten heiraten: den jungen König Georg III., der nach dem Tod seines Großvaters im Jahr zuvor den Thron bestiegen hatte.

Schloss Mirow

Inmitten der mecklenburgischen Seenplatte befindet sich das kleine Örtchen Mirow. Das auf einer idyllischen Insel gelegene Schloss diente seit dem Ende des 16. Jahrhunderts als Wohnsitz für Verwandte der Herzöge von Mecklenburg-Strelitz. Meist lebten hier die verwitweten Fürstinnen oder apanagierte Herzöge, die keine Aussicht hatten, jemals die Regierung zu übernehmen. So war auch Charlottes Vater dorthin gekommen, der 1708 geborene Carl Ludwig Friedrich von Mecklenburg-Strelitz. Er war zwar ein Sohn des regierenden Herzogs Adolf Friedrich II. (1658–1708), allerdings nur aus dessen dritter Ehe. Als der herzogliche Vater nur

Der Tod des Vaters und die Folgen

Doch schon 1752 änderte sich das Leben auf Schloss Mirow auf dramatische Weise. Als Charlotte acht Jahre alt war, starb völlig überraschend ihr Vater. Vergebens hatte er gehofft, einmal seinen Halbbruder beerben und als regierender Herzog nach Neustrelitz ziehen zu können. Da im gleichen Jahr auch Adolf Friedrich III. kinderlos verstarb, folgte ihm nominell Charlottes 1738 geborener Bruder als der vierte dieses Namens auf den Thron. Im Übrigen hatte der verstorbene Carl testamentarisch verfügt, dass Elisabeth Albertine die Vormundschaft über die Kinder erhalten und damit auch die Regierung des kleinen Herzogtums führen sollte.

Doch dann wurden der 39-jährigen Witwe von einem entfernten Verwandten Steine in den Weg gelegt: Der Tod des „Prinzen von Mirow" hatte nämlich bei Herzog Christian Ludwig II. von Mecklenburg-Schwerin Begehrlichkeiten geweckt. Es war schließlich noch gar nicht so lange her, da hatte es nur ein einziges Herzogtum Mecklenburg gegeben. Doch nachdem Herzog Gustav Adolf 1695 kinderlos verstorben war, waren in der Familie heftige Erbstreitigkeiten ausgebrochen, die erst 1701 mit dem Hamburger Vertrag beigelegt worden waren, durch den man sich auf eine Erbteilung des Landes geeinigt hatte. Friedrich Wilhelm (1692–1713) hatte nun die bedeutendere Linie Mecklenburg-Schwerin weitergeführt, während Adolf Friedrich II. (1658–1708), Charlottes Großvater, neuer Herzog von Mecklenburg-Strelitz geworden war.

Nun hätte sich Christian Ludwig II. am liebsten auch das Strelitzer Land „unter den Nagel gerissen" – doch dann erhielt Herzogin-Witwe Elisabeth Albertine ganz unverhofft Unterstützung vom englischen Königshaus. Das mag auf den ersten Blick verwundern, hatte aber einen guten Grund: Nach dem Tod seines Vaters 1708 war der unmündige Carl, „Prinz von Mirow", unter die Vormundschaft des Kurfürsten Georg Ludwig von Hannover (1660–1727) gestellt worden, des späteren Georg I. von England. Seitdem war man freundschaftlich miteinander verbunden, und durch die Konflikte zwischen Mirow / Strelitz und Schwerin wurden die guten Kontakte jetzt noch einmal neu belebt. So konnte Elisabeth Albertine die Regentschaft führen, bis Adolf Friedrich IV. das Erwachsenenalter erreichte.

Unterdessen wuchs Charlotte zu einer jungen Dame heran, die mit ihrer Konfirmation am 27. März 1759 in der Johanneskirche Mirow ins heiratsfähige Alter kam. Für den Fall, dass sich wider Erwarten kein Bräutigam finden sollte, wurde die Prinzessin mit 16 Jahren Kanonissin im Herforder Damenstift, einer reichsunabhängigen Abtei aus dem 8. Jahrhundert, die im Zuge der Reformation evangelisch geworden war. Doch diese vorsorgliche Maßnahme wäre gar nicht nötig gewesen, denn schneller als gedacht hielt ein nobler Bewerber um Charlottes Hand an: der neue englische König Georg III.!

Englands neuer König

Als Georg II. 1760 nach 33 Regierungsjahren starb, war Friedrich Ludwig, sein ältester Sohn, schon seit neun Jahren tot. Und so musste jetzt dessen 23-jähriger Sohn als Georg III. den englischen Thron besteigen. Bislang hatte man sich nicht um eine passende Gemahlin für den jungen Mann gekümmert und geglaubt, noch reichlich Zeit zu haben. Das musste jetzt schleunigst nachgeholt werden. Auf dem herrschaftlichen Heiratsmarkt gab es gleich mehrere Prinzessinnen, die den speziellen Anforderungen entsprachen: Sie mussten evangelisch sein und sollten nach Möglichkeit aus keinem allzu bedeutenden Fürstenhaus stammen, damit sich ihre Familien später nicht in die englische Politik einmischen würden. Infrage kamen zum Beispiel Prinzessin Friederike Luise von Sachsen-Gotha (1741–1776), Tochter des Herzogs Friedrich III., oder die 1746 geborene Elisabeth von Braunschweig-Wolfenbüttel, eine hübsche und intelligente Nichte des Preußenkönigs Friedrich II.

Erstere scheint dem König aber nicht gefallen zu haben, und die zweite war eindeutig zu jung, schließlich wollte man mit der Hochzeit ja nicht mehr allzu lange warten. Schon zu seiner Krönungsfeier, die für den 22. September 1761 geplant war, sollte Georg III. eine Königin an seiner Seite haben. Und so wird wohl einer der königlichen Berater den Namen „Charlotte von Mecklenburg-Strelitz“ ins Spiel gebracht haben, auch wenn der politische Beobachter Lord Horace Walpole (1717–1797), Sohn des ersten englischen Premierministers, verwundert schrieb: „Das Taschentuch ist sehr weit geworfen worden, zu Füßen einer Charlotte, Prinzessin von Mecklenburg.“

Nun mochte das kleine Mirow vielleicht tatsächlich eine Spur zu unbedeutend sein, dafür aber überwogen die Vorteile: Mecklenburg-Strelitz war außenpolitisch neutral, was jetzt, mitten im Siebenjährigen Krieg (1756–1763), in den auch England involviert war, eine wichtige Rolle spielte. Damit war die Entscheidung für Charlotte schon so gut wie gefallen.

Tod der Mutter

Charlotte selbst hatte gerade jedoch ganz andere Sorgen. Ihre Mutter war ernstlich erkrankt, und es sah so aus, als würde sie nicht mehr lange leben. Trotzdem empfing Elisabeth Albertine bereitwillig den englischen Gesandten Graeme, der im Juni 1761 nach Mirow kam, um sich ein eigenes Bild von Charlotte zu machen. Schließlich kannte der englische König seine künftige Gemahlin bislang nur von Porträts und vom Hörensagen.

Graeme verfasste auch einen schriftlichen Bericht, den er umgehend nach London schickte. Darin schrieb er, die 17-jährigige Prinzessin sei zwar keine Schönheit, aber doch sehr liebenswert. Außerdem fehle ihr die fürstliche Ausstrahlung, doch das gleiche sie mit Sanftmut und Natürlichkeit aus, was vielleicht besser sei als eine geschliffene Persönlichkeit. Charlotte sei schlank und von mittlerer Größe, habe einen schönen Teint und hellbraunes oder eher aschblondes Haar. Die hellen, graublauen Augen hätten einen Ausdruck von Lebhaftigkeit, der Mund sei groß, mit roten Lippen und gesunden Zähnen.

In späteren Jahren wurde Charlottes Aussehen von den Zeitgenossen keineswegs mehr so wohlwollend beurteilt. Der deutsche Arzt Friedrich Christian von Stockmar, der sich später eine Weile am englischen Königshof aufhielt, schrieb wenig charmant, die Königin sei klein, verwachsen und habe ein „wahres Mulattengesicht". Mit dieser Ansicht stand er nicht allein. Charlottes auffallend großer Mund mit den ausgeprägt vollen Lippen entsprach nicht gerade dem damaligen Schönheitsideal. Was die Hofmaler vielleicht noch ein wenig abmilderten, ist anhand der Totenmaske der Königin deutlich zu erkennen. Manche hielten den großen Mund freilich nicht nur für einen bloßen Makel, sondern behaupteten sogar, Charlotte habe afrikanisches Blut in den Adern, nachdem einer ihrer Vorfahren im 13. Jahrhundert eine Mätresse aus Afrika gehabt haben soll. Böswillige Gemüter vertraten noch eine andere Theorie: Da auf einem Familienbild der Herzogsfamilie auch ein Mohrenpage zu sehen war, mutmaßten sie, er und nicht etwa der „Prinz von Mirow" sei Charlottes leiblicher Vater. Eine völlig absurde Behauptung, zumal überhaupt nicht bewiesen ist, ob es im bescheidenen Mirow tatsächlich einen solchen „Hofmohren" gab. Meist fand man die aus Afrika stammenden jungen Männer nur an größeren Höfen, wo sie auf dem Posten des Kammerdieners oder Musikers als Beweis für die „Weltläufigkeit" des Fürsten herhalten mussten.

Elisabeth Albertine, die ihren Gemahl geliebt und ihn gewiss nicht betrogen haben wird, gab am 17. Juni 1761 bereitwillig ihr schriftliches Einverständnis zu Charlottes Hochzeit mit dem englischen König. Doch dann wurde sie zunehmend schwächer und starb bereits am 29. Juni im Alter von 48 Jahren. In der Familiengruft von Mirow fand sie ihre letzte Ruhestätte. Charlotte blieb nun keine andere Wahl, als ihrerseits den Heiratsantrag des englischen Königs anzunehmen.

Hochzeitsvorbereitungen

Inzwischen war die Post mit der Einverständniserklärung aus Mirow in London eingetroffen. So konnte Georg III. am 8. Juli 1761 in einer Sonderausgabe der *London Gazette* der Öffentlichkeit verkünden: „Ich bin zu der Entscheidung gekommen, Prinzessin Charlotte von Mecklenburg-Strelitz zu heiraten, eine Prinzessin, die sich durch jede wichtige Tugend und jede liebenswerte Eigenschaft hervortut und deren illustre Vorfahren sich immerfort mit dem größten Eifer für die protestantische Religion eingesetzt haben." Doch protestantisch war nicht gleich protestantisch. Am gleichen Tag schrieb Charlotte daher ihrer künftigen Schwiegermutter Augusta, dass sie sich von ihren geistlichen Beratern den Unterschied zwischen dem Glauben, in dem sie erzogen wurde, und der anglikanischen Kirche habe erklären lassen. Sie versicherte, die Unterschiede seien in ihren Augen so gering, dass ihr der Wechsel keine Gewissensbisse verursachen würde.

Die anglikanische Staatskirche hatte ihren Ursprung im 16. Jahrhundert. Damals wollte sich Englands König Heinrich VIII. (1491–1547) bekanntlich von seiner Gemahlin scheiden lassen, um die schöne Hofdame Anne Boleyn zu heiraten. Er hoffte inständig, dass der Papst der Trennung zustimmen würde. Als dieser sich jedoch weigerte, trennte sich der König kurzerhand von Rom und gründete 1534 die unabhängige anglikanische Staatskirche, der Charlotte jetzt beitreten musste. Der Gottesdienst der Anglikaner wurde auch weiterhin nach katholischer Liturgie abgehalten, theologisch folgte die Lehre jedoch einem Mittelweg zwischen römisch-katholischer Kirche und dem Protestantismus.

Damit stand der geplanten Hochzeit nichts mehr im Wege. In London wurden schon die ersten Vorbereitungen für die Trauung getroffen und Charlottes künftiger Hofstaat zusammengestellt. 43 Personen wurden dazu auserwählt – vermutlich mehr, als insgesamt auf Schloss Mirow gelebt hatten. Gleichzeitig gab man die Garderobe der künftigen Königin in Auftrag und ließ ihre Gemächer im *St. James Palace* herrichten.

Im August 1761 kam ein weiterer englischer Gesandter nach Neustrelitz, wo Charlotte und ihre Geschwister jetzt bei ihrem Bruder Adolf Friedrich IV., dem Herzog von Mecklenburg, lebten. Mr. Harcord brachte seiner künftigen Königin nicht nur ein wertvolles Geschenk mit – eine mit Diamanten verzierte Miniatur Georgs III. –, er hatte auch den Ehevertrag im Gepäck. In Harcords anschließendem Bericht fand die junge Braut trotz einiger Abstriche großen Beifall: „Unsere Königin hat nur wenig von der Welt gesehen, aber ihre Klugheit, ihre Lebhaftigkeit und Heiterkeit empfehlen sie als sehr geeignet für unseren König und werden sie zum Liebling der britischen Nation machen … Sie besitzt eine charmante Ausstrahlung, sehr hübsche Augen und ist gut gebaut. Kurz gesagt, sie ist ein ganz vortreffliches Mädchen."

Abschied von Mecklenburg

Bevor Charlotte aus der alten Heimat abreiste, bereitete ihr Adolf Friedrich IV. noch ein rauschendes Fest. Das Schloss von Neustrelitz, der Schlosspark und alle Straßen des Städtchens waren mit 40 000 Lichtern erleuchtet, 130 Ehrengäste zu einem köstlichen Festmahl geladen. Um auch den musikalischen Rahmen würdig zu gestalten, stellte sogar der Herzog von Mecklenburg-Schwerin seine eigene Hofkapelle zur Verfügung.

Für die standesgemäße Ausstattung seiner Schwester griff Adolf Friedrich ebenfalls tief in seine Schatulle. Neben prächtigem Schmuck und hochwertiger Kleidung wurden Toilettenartikel, Wäsche, silbernes Besteck und vieles mehr angeschafft – alles in allem im Wert von 126 000 Reichstalern! Der junge Herzog brauchte danach eine ganze Weile, bis er die hohen Schulden, in die er sich für seine Schwester gestürzt hatte, bis auf den letzten Heller abgezahlt hatte. Doch das war es ihm wert. Schließlich konnte und wollte er es nicht zulassen, dass man Charlotte in London als „Bettelprinzessin" aus der deutschen Provinz diskreditierte.

Am 17. August musste sich Charlotte von Adolf Friedrich und ihren übrigen Geschwistern verabschieden, von Christiane, Ernst und dem erst 13-jährigen Georg August. Ihr Lieblingsbruder Karl hingegen sollte sie auf ihrer Fahrt nach England begleiten. So bestieg die Prinzessin eine der Kutschen, die sie und ihre Begleiter nach Stade brachten, dem Haupthafen des Kurfürstentums Hannover an der Elbe, von wo aus die junge Braut per Schiff nach England übersetzen sollte. Die Reise nach Stade erstreckte sich über eine Distanz von 330 Kilometern und dauerte insgesamt fünf Tage.

An allen Orten, an denen die Gesellschaft vorbeikam, versammelten sich zahlreiche Menschen, um sich von ihrer Prinzessin zu verabschieden. Reden wurden gehalten, Blumen überreicht, gute Wünsche überbracht. Unter den neugierigen Zaungästen befand sich auch Graf von Lehndorff, der Kammerherr der preußischen Königin Elisabeth Christine, der Gemahlin Friedrichs des Großen. Lehndorff erhielt in Stade die Gelegenheit, sich das Schiff aus der englischen Flotte anzusehen, das man für Charlottes Überfahrt ausgewählt und natürlich *Royal Charlotte* genannt hatte. Lehndorff, ein eifriger Tagebuchschreiber, notierte am 22. August 1761: „Das Schiff ist entzückend, von außen ganz vergoldet, die inneren Räume mit reich vergoldeten und dunkelrotem Damast bezogenen Möbeln ausgestattet, die Täfelung von Mahagoniholz und überall türkische Teppiche, kurz, es ist alles vorhanden wie in einem wohnlichen Zimmer."

Um Charlotte sicher in ihre neue Heimat zu geleiten, hatte England gleich seine gesamte Kriegsflotte nach Stade geschickt. Schließlich befand man sich mitten im Siebenjährigen Krieg (1756–1763) und musste jederzeit mit einem Angriff der Franzosen rechnen, mit denen man auf dem fernen nordamerikanischen Kriegsschauplatz um die Kolonien kämpfte.*

Am 24. August stach die königliche Flotte endlich in See. Mit an Bord waren zwei Mecklenburger Hofdamen, die Charlotte mit nach England nehmen durfte. Mehr Vertraute waren ihr nicht erlaubt, schließlich handelte es sich bei den Bediensteten der Königin um äußerst wichtige Positionen, und manch einer war versucht, über sie politischen Einfluss auf die Monarchin zu gewinnen.

Ankunft in London

Auch wenn die *Royal Charlotte* vor französischen Attacken verschont blieb, so verlief die Überfahrt doch alles andere als ange-

* Im Frieden von Paris 1763 musste Frankreich seine Besitzungen in Indien und Kanada sowie alles Land östlich des Mississippi an England abtreten. Damit waren die beiden tragenden Pfeiler des Weltreichs geschaffen.

nehm. Schlechtes Wetter und ungünstige Winde ließen die Flotte nur langsam vorankommen, und so dauerte es zwei Wochen, bis endlich die englische Küste in Sichtweite lag. Am 7. September fuhren die Schiffe in den Hafen von Harwich ein, wo die junge Mecklenburgerin zum ersten Mal in ihrem Leben englischen Boden betrat. Dann bestieg sie mit vermutlich wachsender Nervosität die bereitstehende Kutsche, die sie ins 130 Kilometer entfernte London bringen sollte. Die ganze Hauptstadt schien auf den Beinen zu sein, um die künftige Königin zu empfangen. Seit Carolines Tod war der Thron neben Georg II. leer geblieben, und nun freuten sich die Untertanen, dass es künftig wieder eine Frau an der Seite ihres Monarchen gab.

Den Trubel, der am 8. September 1761 in London herrschte, beschrieb auch Horace Walpole: „15.15 Uhr. Madame Charlotte ist angekommen. Der Lärm der Kutschen, Kaleschen, Reiter, die sie durch die Parks haben vorbeifahren sehen, ist so ungeheuer, dass ich die Kanonen nicht unterscheiden kann."

Für Charlotte muss die Ankunft in London einem Kulturschock gleichgekommen sein. Sie hatte bislang nichts von der Welt gesehen, noch nicht einmal von Deutschland. Das kleine, abgeschiedene Örtchen Mirow war ihr langjähriges Zuhause gewesen, und selbst Neustrelitz, wo sie zuletzt bei ihrem Bruder gelebt hatte, zählte damals nur rund 400 Menschen. Welch ein Kontrast zur englischen Metropole! London hatte knapp 700 000 Bewohner und war eine der größten Städte der Welt. Doch Charlotte blieb kaum Zeit, all die neuen Eindrücke zu verarbeiten. Noch am gleichen Abend sollte sie ihren künftigen Gemahl kennenlernen, König Georg III.

Die erste Begegnung der beiden verlief protokollarisch gesehen reibungslos. Augenzeugen sollen jedoch später berichtet haben, dass der Monarch vom Aussehen seiner Braut nicht sonderlich begeistert war. Möglicherweise lag ihm ein Porträt von Charlotte vor, das der Maler Johann Georg Ziesensis (1716–1776) im Jahr 1761 von der Mecklenburgerin gemalt hatte und das eine recht hübsche, aber völlig fremde Frau zeigt. Was Charlotte über ihren künftigen Gemahl dachte, hat sie leider für sich behalten.

Hochzeit im *St. James Palace*

An der Hochzeit führte ohnehin kein Weg mehr vorbei. Nur wenige Stunden später wurden Charlotte und Georg III. in der Kapelle des *St. James Palace* getraut. Charlotte präsentierte sich als prächtige Braut. Sie trug ein Kleid aus silberfarbenem Stoff, der mit echten Silberfäden bestickt war. Ihr Haupt zierte eine kleine, mit Diamanten besetzte Samtkappe, gerahmt von einer winzigen Krone aus Diamanten. Geschmückt war sie mit großen Perlenohrringen, einem Diamantcollier und anderen Preziosen. Ein mit Hermelin gefütterter Samtumhang schmiegte sich um die Schultern der Braut. Unter den Hochzeitsgästen war auch Horace Walpole, der seine Eindrücke wieder schriftlich festhielt: „Innerhalb einer Stunde hörte man nichts als Ausrufe über ihre Schönheit; alle waren zufrieden, alle entzückt. Um sieben ging man zu Hofe. Die Nacht war schwül. Gegen zehn bewegte sich die Prozession in Richtung Kapelle, und um elf kamen sie alle in den Empfangssalon.“ Und über Charlotte berichtete Walpole: „Sie sieht sehr vernünftig aus, vergnügt und bemerkenswert vornehm. Ihre Diamantentiara ist sehr schön, ihr Mieder prächtig, ihr violetter Umhang mit Hermelin so schwer …“ Es ist kaum anzunehmen, dass Charlotte die Hochzeitsfeierlichkeiten wirklich genossen hat. Das verhinderten allein schon ihre große Aufregung und die drückende sommerliche Hitze, die ihr schwer zugesetzt haben muss. Erst gegen zwei Uhr morgens war das Fest beendet. Die englische Schriftstellerin Sarah Scott (1720–1795) konnte sich einen leicht bissigen Kommentar nicht verkneifen: „Sie und der König waren im Bett, und das die ganze Nacht nach ihrer Reise, einer so langen Reise – nur jemand mit einer deutschen Konstitution konnte dies aushalten.“

Die war freilich auch dringend nötig, denn man gönnte Charlotte keine Ruhepause. Schon am nächsten Tag gab die frischgebackene Königin eine erste Gesellschaft in ihren Räumen im *St. James Palace*. Dabei gewannen die Gäste offenbar den Eindruck, das junge Königspaar passe recht gut zueinander: „Der König sah sehr hübsch aus und sprach mit ihr in bester Laune. Es schien nicht so, als ob diese beiden die unglücklichsten Menschen in England seien.“

Die königliche Großfamilie

Die nächsten zwei Wochen verbrachte das junge Paar in recht entspannter Atmosphäre überwiegend auf *White Lodge* im idyllischen *Richmond Park* in Kew. Hier kamen sich die beiden endlich auch ein wenig näher und entdeckten zudem wichtige Gemeinsamkeiten. Opulente Festlichkeiten, wie sie bei Hof gang und gäbe waren, mochten weder Georg noch Charlotte. Beide bevorzugten ein eher ruhiges Leben im Kreis der Familie, liebten die Natur und harmlose Vergnügungen wie das abendliche Kartenspiel. Auch wenn man gewiss nicht von Liebe sprechen konnte, so hatten die beiden doch große Sympathie füreinander.

Am 22. September 1761 fand in der *Westminster Abbey* die feierliche Krönung Georgs III. gemeinsam mit der von Charlotte statt, die nun mit nur 17 Jahren die jüngste englische Königin wurde. Eifrig bemühte sie sich, allen Anforderungen, die man an sie stellte, gerecht zu werden. Das betraf zunächst einmal die englische Sprache. Für Georg III., den ersten englischen König aus dem Hause Hannover, der in England geboren und aufgewachsen war, bereitete die Sprache keinerlei Probleme. Anders als seine Vorfahren beherrschte er das Englische in Wort und Schrift ebenso fließend wie das Deutsche. Dem eiferte nun auch Charlotte nach. Tatsächlich dauerte es nicht lange, bis sie die Werke der wichtigsten englischen Schriftsteller lesen und sich in der fremden Sprache verständigen konnte. Wenn sie keine repräsentativen Pflichten zu erfüllen hatte, dann vertiefte sie sich gern in die Lektüre, korrespondierte oder beschäftigte sich mit Handarbeiten. Bei schönem Wetter unternahm sie mit ihren Damen längere Spaziergänge oder ritt mit ihnen aus. Abends setzte sie sich bisweilen ans Cembalo oder vergnügte sich mit dem König beim Kartenspiel.

Tatsächlich wurde die Ehe vergleichsweise glücklich. Charlotte und Georg blieben sich ein Leben lang treu und bekamen in den nächsten Jahren gemeinsame 15 Kinder.

Das erste Kind kam schon knapp ein Jahr nach der Hochzeit, am 12. August 1762, zur Welt. Es war der Sohn und Thronfolger Georg, der später als der vierte dieses Namens englischer König wurde. Innerhalb der nächsten 21 Jahre wurden acht weitere Söhne und sechs Töchter geboren. Die Thronfolge schien also auf jeden Fall gesichert zu sein, selbst falls der Erstgeborene vorzeitig das Zeitliche segnen sollte.

1763 kam Sohn Friedrich zur Welt, 1765 folgte Wilhelm, der spätere König Wilhelm IV. (1830–1837), 1766 Charlotte, die nachmalige Königin von Württemberg, und 1767 kam Eduard auf die Welt, der Vater von Queen Victoria. Die Namen der weiteren Kinder: Augusta (1768–1840), die bis zu ihrem Tod unverheiratet blieb, Elisabeth (1770–1840), die sich mit dem Landgrafen von Hessen-Kassel vermählte, Ernst August (1771–1851), später König von Hannover, verheiratet mit seiner Cousine Friederike von Mecklenburg-Strelitz (Schwester der berühmten Königin Luise), Augustus (1773–1843), Adolf Friedrich (1774–1850), Maria (1776–1857), Sophia (1777–1848), Octavius (1779–1783), Alfred (1780–1782) und schließlich das Nesthäkchen Amalie (1783–1810).

Jenseits des Protokolls

Die repräsentativen Pflichten, die Charlotte als Königin zu erfüllen hatte, ließen ihr, genau wie die zahlreichen Schwangerschaften und Geburten, nur wenig Zeit für private „Hobbys“. Doch wann immer es möglich war, zog sich die königliche Familie nach Kew zurück, um dort möglichst privat und ohne höfische Etikette dem „einfachen Leben“ zu frönen. Man stand früh auf, frühstückte zusammen mit den älteren Kindern, spielte anschließend mit den Kleinen. Das Königspaar unternahm lange Spaziergänge an der frischen Luft und genoss das „einfache Landleben“ als willkommene Auszeit vom üblichen Alltag im Londoner *St. James Palace*, wo man sich wieder in das Korsett der höfischen Etikette zwängen musste.

Das ländliche Kew erinnerte Charlotte zudem ein wenig an Mirow. Hier war sie genau wie damals eine „einfache Landlady“, und auch Georg konnte dort seiner großen Leidenschaft nachgehen, der Landwirtschaft – ein königliches Hobby, das ihm den liebevollen Spitznamen „Farmer George“ einbrachte. Der Chronist Frances

Burney (1752–1840) berichtete über das Verhältnis von Georg und Charlotte: „Ihr gegenseitiges Benehmen zeugt von herzlichem Vertrauen und Glücklichsein. Der König scheint ihre Unterhaltung zu bewundern und zu genießen, und er will alles, was er sieht und hört, mit ihr teilen. Die Königin scheint ihm dankbar ergeben … In der Tat, beide auf ihre verschiedene Art und Weise und trotz des Unterschiedes in ihrem Charakter, haben mich gleichermaßen entzückt." Enttäuscht waren nur diejenigen, die gehofft hatten, der englische Hof würde sich zu einem Treffpunkt von Künstlern und Gelehrten entwickeln, was leider nicht der Fall war.

Nach dem Tod ihrer Schwiegermutter Augusta 1772 kümmerte sich Charlotte als Schirmherrin um den weiteren Ausbau des Botanischen Gartens in Kew. Sie tat das ganz besonders gern, schließlich hatte sie schon als Jugendliche großes Interesse an Pflanzen gehabt. Die Anlage in Kew diente ursprünglich als Lustgarten, hatte jedoch unter Prinzessin Augusta allmählich den Charakter eines botanischen Gartens angenommen, in dem exotische Pflanzen gesammelt und ausgestellt wurden. 1773 erhielt Joseph Banks (1743–1820), der schon James Cook auf dessen erster Weltumsegelung als Botaniker begleitet hatte und inzwischen zum Leiter des Gartens aufgestiegen war, mehrere Exemplare einer im südlichen Afrika neu entdeckten Pflanzenart. Charlotte zu Ehren gab er ihr den botanischen Namen *strelizia reginae.* Heute ist die Strelizie wohl bekannter als die Königin selbst.

Zu ihrer Mecklenburger Familie hatte Charlotte nur noch schriftlichen Kontakt. Am häufigsten korrespondierte sie mit ihrem drei Jahre älteren Bruder Karl*, der inzwischen in Hannover lebte. Da die Kurfürsten von Hannover als Könige von England beide Länder von London aus in Personalunion regierten, setzten sie in Hannover einen zuverlässigen Gouverneur ein, der sich vor Ort um alles Notwendige kümmern konnte. Als Schwager des englischen Königs hatte nun Karl von Mecklenburg-Strelitz diesen Posten übernommen und war daher an die Leine umgesiedelt. Mit seiner Gemahlin

* Nach dem Tod Adolf Friedrichs IV. 1794 wurde er als Karl II. Herzog von Mecklenburg-Strelitz.

Friederike, einer geborenen Prinzessin von Hessen-Darmstadt, die er 1768 geheiratet hatte, führte er eine glückliche Ehe, aus der vier Töchter und ein Sohn hervorgingen. Die 1776 geborene Luise sollte es später als preußische Königin an der Seite Friedrich Wilhelms III. zu einer enormen Popularität bringen. Das Familienidyll fand jedoch ein jähes tragisches Ende, als Friederike 1782 im Kindbett starb und einen verzweifelten Witwer mit fünf kleinen Kindern zurückließ. Möglicherweise dachte Charlotte damals schon daran, dass die Nichten aus Hannover später einmal geeignete Ehefrauen für ihre Söhne abgeben würden. Denn mit diesen Söhnen hatte es das englische Königspaar wahrhaftig nicht leicht.

Der Thronfolger – Das *Enfant terrible* des Königshauses

Zwar galt die königliche Ehe von Charlotte und Georg gemeinhin als vorbildlich, doch das gute Beispiel der Eltern reichte offenbar nicht aus, um auch die Söhne auf den Pfad der Tugend zu führen. Statt standesgemäß zu heiraten, vergnügten sie sich lieber mit ihren Mätressen und genossen das freie Leben.

Immerhin heiratete Prinz Friedrich, der Zweitgeborene, 1791 Prinzessin Friederike von Preußen, die Tochter Friedrich Wilhelms II. aus dessen erster Ehe. Doch diese Verbindung war nichts als reine Formsache. Statt mit seiner standesgemäßen Gemahlin lebte der Prinz weiterhin mit einer Mätresse zusammen. Folglich blieb die Ehe auch kinderlos.

Noch mehr Ärger als mit Friedrich hatten Charlotte und der König mit Georg, dem Thronfolger. Der Prinz von Wales war und blieb das *Enfant terrible* der königlichen Familie. Der junge Mann pflegte einen höchst aufwändigen Lebensstil, frönte dem Glücksspiel und der Baulust und hatte so mit den Jahren einen enormen Schuldenberg angehäuft – 1794 waren es unglaubliche 550 000 Pfund, grob geschätzt 30 Millionen Euro nach heutigem Wert. Das Parlament aber weigerte sich strikt, diese Summe zu begleichen, wenn der Prinz nicht endlich seine wichtigste Pflicht erfüllte, also heiratete und für

BIOGRAFIEN
faszinierender Frauen

Gärten ◆ Schlösser ◆ Kultur

VERLAG FRIEDRICH PUSTET

Nachwuchs sorgte. Das Problem drängte, denn bislang hatte das englische Königspaar noch keine (legitimen) Enkel, die eines Tages die Krone tragen durften. Der 32-jährige Georg konnte sich dem Druck nicht entziehen, den das Parlament auf ihn ausübte, überließ die Suche nach einer passenden Braut aber seinen Eltern. Charlotte hatte sich eigentlich schon längst eine Schwiegertochter ausgesucht: ihre 1776 geborene Nichte Luise von Mecklenburg-Strelitz. Doch die hatte inzwischen bereits den preußischen Kronprinzen und späteren König Friedrich Wilhelm III. geheiratet. Georg III. favorisierte ohnehin eine andere Kandidatin, nämlich seine eigene Nichte Caroline von Braunschweig-Wolfenbüttel, die Tochter seiner Schwester Augusta, die 1764 den Erbprinzen Karl Wilhelm Ferdinand geheiratet hatte, seit 1780 regierender Herzog. Dem Bräutigam selbst war es offenbar egal, mit welcher Prinzessin man ihn verheiratete. Er meinte nur lakonisch, von den „verdammten deutschen Weibern" sei schließlich eine so gut wie die andere.

1795 trat der Prinz von Wales mit seiner Cousine Caroline vor den Traualtar. Wie unschwer vorhersehbar, wurde die Ehe trotz der Geburt von Tochter Charlotte 1796 eine einzige Katastrophe, was dem Ansehen des Königshauses ganz erheblichen Schaden zufügte und auch Charlotte so manchen Kummer bereitete.

Schatten über dem Königreich – Krankheit Georgs III. und politische Missgriffe

Aber Charlotte litt nicht nur unter dem Lotterleben der erwachsenen Söhne; große Sorgen machte ihr außerdem die Gesundheit ihres königlichen Gemahls. Seit 1788 wurde Georg III. immer wieder von einem rätselhaften Leiden heimgesucht, das die Zeitgenossen als „Wahnsinn"* gedeutet haben. Dabei weiß man inzwischen längst, dass Georg III. keineswegs wahnsinnig war, sondern an der seltenen Stoffwechselkrankheit Porphyrie litt. Unklar war

* Diese Krankheit stand auch im Zentrum des 1994 gedrehten Kinofilms „King George – Ein Königreich für mehr Verstand".

bislang jedoch, warum dieses Übel, unter dem auch andere Mitglieder der englischen Königsfamilie gelitten haben*, ausgerechnet bei ihm so dramatisch verlief. Vor einiger Zeit aber haben Wissenschaftler herausgefunden, dass die vermeintlichen Wahnsinnsanfälle Georgs III. wahrscheinlich durch eine Arsenvergiftung ausgelöst wurden. Bei der Untersuchung eines musealen Haarprobenstücks des Königs entdeckten sie leicht erhöhte Werte von Blei und Quecksilber sowie ungewöhnlich hohe Mengen an Arsen. Anhand der Krankheitsakten fanden die Forscher schließlich heraus, dass die Medikamente, die Georg III. verabreicht wurden, hohe Anteile an Arsen enthielten. In den jeweiligen Therapiephasen bekam der König alle sechs Stunden ein mit Arsen versetztes Brechmittel. Es ist also durchaus möglich, dass das Schwermetall die Symptome der Krankheit deutlich verschlimmerte und so massive psychotische Schübe zur Folge hatte.

Gerüchte, dass ein „wahnsinniger König" auf dem Thron sitze, waren dem Image der englischen Monarchie nicht gerade zuträglich, wenngleich Georg III. – anders als Großvater und Urgroßvater – bei den Untertanen zunächst recht beliebt war. Sein vergleichsweise einfaches Leben, die gute Ehe mit Charlotte und die Freude an der Landwirtschaft machten ihn eine Zeitlang zu einem populären Herrscher. Aber das ausschweifende und kostspielige Leben der Söhne, vor allem des Thronfolgers, warf ein schlechtes Licht auf die Königsfamilie. Die Sympathien gingen deutlich zurück, und selbst Charlotte, die sich nie in politische Dinge einmischte, bekam das auf drastische Weise zu spüren. Als sie 1796 mit einer Kutsche durch London fuhr, wurde ihr Fahrzeug mit Steinen beworfen, und die Splitter einer zerbrochenen Scheibe verletzten sie im Gesicht.

Hinzu kam, dass Georg III. auch außenpolitisch ohne Fortüne war. Kurz nach Charlottes Ankunft in England hatte man noch die Sicherung der nordamerikanischen Kolonien gefeiert – doch die Freude darüber währte nur kurz. Die 13 selbstbewussten neuenglischen Staaten ertrugen die wirtschaftliche Bevormundung durch das

* z. B. die älteste Tochter von Queen Victoria, „Vicky" (1840–1901) genannt. Sie war die Gemahlin des 99-Tage-Kaisers Friedrich III.

Mutterland nur äußerst widerwillig. Nach dem kostspieligen Kolonialkrieg (1756–1763) bekamen die Kolonisten ihre Abhängigkeit besonders empfindlich zu spüren, weil man ihnen jetzt auch noch die Last der Kriegskosten aufbürdete. Es gab neue Steuern und verschärfte Zollgesetze. Dagegen leisteten die Siedler heftigen Widerstand. England beschränkte sich daraufhin auf einen Teezoll, aber selbst den wollten sie nicht mehr hinnehmen. 1773 kippten sie daher in Boston eine Fracht Tee direkt ins Meer. Mit dieser sogenannten *Boston Tea Party* begann ein harter und langwieriger Kampf mit dem Mutterland. Unter der Führung von George Washington errangen die Siedler schließlich den Sieg, und am 4. Juli 1776 erklärten die 13 Kolonien ihre Unabhängigkeit von England.

Traurige Jahre im Abseits

Aber auch England selbst machte schwere Zeiten durch. Inzwischen war Frankreich unter Napoleon zur größten Macht in Europa aufgestiegen. Zwar musste das Inselreich keine Invasion mehr befürchten, nachdem Admiral Nelson 1805 die französische Flotte bei Trafalgar vernichtend geschlagen hatte. Um die Engländer aber trotzdem zu schwächen, erzwang der mächtige Kaiser von allen europäischen Staaten die Teilnahme an der Kontinentalsperre, die die britischen Inseln wirtschaftlich niederringen sollte. Tatsächlich hatte sie üble Folgen für das Königreich. Die gerade in Gang gekommene Industrialisierung des Landes geriet ins Stocken, Fabriken mussten wegen Absatzmangels geschlossen werden, die Zahl der Arbeitslosen stieg rapide an – und damit auch der Missmut der Untertanen.

Aber in der Königsfamilie hatte man noch anderen Kummer. Im Dezember 1810 starb Amalie, die jüngste Tochter, im Alter von nur 27 Jahren. Den Tod seines geliebten Kindes hat der gesundheitlich labile Georg III. offenbar nicht mehr verkraftet. Nur ein Jahr später brach seine Porphyrie-Krankheit, deren Symptome sich 1788 zum ersten Mal gezeigt hatten, mit einer derartigen Schwere auf, dass der 72-jährige Monarch nicht mehr regierungsfähig war. Schweren Herzens musste sich Charlotte damit abfinden, dass nun Georg, ihr problematischer ältester Sohn, als Regent eingesetzt wurde und künftig selbstständig die Geschicke des Inselreichs bestimmen konnte.

Charlotte und Georg zogen sich noch im gleichen Jahr nach Schloss Windsor zurück, um dort abgeschieden von der Öffentlichkeit ihre letzten Lebensjahre zu verbringen. Georg III. aber lebte in seiner eigenen Welt. Zur geistigen Verwirrung traten bald auch Blindheit und Taubheit hinzu. Trotzdem setzte sich der greise König bisweilen an das alte Cembalo, das früher einmal dem Komponisten Georg Friedrich Händel gehört hatte. Dann schlug er Töne an, die er zwar nicht mehr hören, möglicherweise aber trotzdem spüren konnte.

Für Charlotte gab es nur noch wenige Lichtblicke in ihrem Leben. Selbst als sich ihr Sohn Ernst August 1815 mit Friederike von Mecklenburg-Strelitz (1778–1841) vermählte, hielt sich die Freude in Grenzen. Früher einmal hatte die Prinzessin zu Charlottes Favoritinnen gezählt, doch inzwischen war der Ruf ihrer Nichte derart angeschlagen, dass sich die Königin für diese Schwiegertochter fast schon schämte. Für Friederike, die Schwester der beliebten, schon 1810 verstorbenen Preußenkönigin Luise und Mutter eines unehelichen Kindes (*/† 1799), war es bereits die dritte Ehe.

Ein wirklicher Freudentag für die Königin war hingegen die Hochzeit ihrer Enkelin Charlotte, die 1816 den deutschen Prinzen Leopold von Sachsen-Coburg (1790–1865) heiratete und wenig später ihr erstes Kind erwartete. Damit schien zumindest die Thronfolge gesichert zu sein. Doch es sollte anders kommen: Nur wenige Stunden nach der Geburt eines toten Sohnes starb die Prinzessin am 6. November 1817 im Alter von 21 Jahren, weil ihre Ärzte die starken Blutungen nicht zu stoppen vermochten. Ihr Tod war eine Tragödie für das ganze Land. England hatte nicht nur eine äußerst beliebte Thronfolgerin verloren, es sah auch einer ungewissen Zukunft entgegen. In der gesamten königlichen Familie gab es bislang keine weiteren legitimen Enkelkinder.

Königin Charlotte, die durch verschiedene Altersbeschwerden ohnehin gesundheitlich geschwächt war, verlor nun jeden Lebensmut. Als ihr inzwischen 53-jähriger Sohn Wilhelm im Sommer 1818 mit Adelheid von Sachsen-Meiningen vor den Traualtar trat und der 1767 geborene Eduard zur gleichen Zeit mit Victoire* von Sachsen-Coburg eine standesgemäße Ehe schloss, war das kein wirklicher Grund zur Freude. Die Geburt ihrer Enkelin, der späteren Königin Victoria, zehn Monate später hat Charlotte schon nicht mehr miterlebt. Sie starb am 17. November 1818 im Alter von 74 Jahren in ihrem geliebten Kew und fand in der *St. George's Chapel* auf Schloss Windsor ihre letzte Ruhestätte. Georg III. überlebte sie um zwei Jahre.

Auch wenn Charlotte keine wirklich bedeutende Königin war und auch in der Politik keine Spuren hinterlassen hat, so schrieb ihr Sekretär, Sir Herbert Taylor, doch mit Sympathie über die Verstorbene: „Königin Charlotte war eine höchst vernünftige Frau, und wenn sie auch nicht gerade glänzende Eigenschaften besaß … hatte sie sich doch ein großes Allgemeinwissen angeeignet, besonders über die meisten Gegenstände, aus denen sich die tägliche Unterhaltung zusammensetzte … Ich gebe zu, dass sie äußerlich unscheinbar war, und dass Alter, Krankheit und die vielen Geburten die Harmonie ihrer Gestalt zerstört hatten … Aber sie war gütig und rücksichtsvoll zu ihren Bediensteten und Begleitern, und die meisten haben lange Jahre in ihren Diensten zugebracht. Sie war immer geneigt, Heiterkeit und fröhliche Unterhaltungen zu fördern, hielt aber andererseits streng auf Etikette und verstand es, jede plumpe Vertraulichkeit zu unterdrücken …" Viel mehr war von der kleinen Prinzessin aus Mirow auch nicht zu erwarten gewesen.

* Eigentlich lautete ihr Name „Victoria". Doch um sie von ihrer Tochter, Queen Victoria zu unterscheiden, behielt man den Namen Victoire bei.

Keine andere englische Königin aus dem Hause Hannover genoss so viele Freiheiten wie die extravagante Caroline von Braunschweig (1768–1821). Nachdem sich ihr Gemahl, der spätere Georg IV., schon früh von ihr getrennt hatte, konnte sie das Leben weitgehend nach eigenen Vorstellungen gestalten, unabhängig von den Regeln der höfischen Etikette. Doch die Freiheit hatte ihren Preis: Als Georg IV. 1821 in Westminster Abbey zum König gekrönt wurde, durfte sie an der Zeremonie nicht teilnehmen. Die ungekrönte Königin starb nur wenig später unter ungeklärten Umständen.

Die ungekrönte „Königin der Herzen“

Caroline von Braunschweig (1768–1821)

Ganz ohne Zweifel war sie die exzentrischste und unkonventionellste unter den englischen Königinnen: Caroline von Braunschweig-Wolfenbüttel. Ihre Ehe mit Georg, dem Prinzen von Wales, war bereits vor der Hochzeit zum Scheitern verurteilt, und nur wenig später lebte das ungleiche Paar tatsächlich getrennt von Tisch und Bett. Doch selbst das reichte dem Thronfolger nicht – er wollte die Scheidung. Dass er bei der Suche nach triftigen Gründen keine Gemeinheit und Hinterhältigkeit ausließ, kam bei den Untertanen aber überhaupt nicht gut an: Während Georg ernsthaft um den Thron bangen musste, avancierte Caroline zur „Königin der Herzen“.

Prinzessin im Grauen Hofschloss

Bekanntlich war es damals üblich, dass Prinzessinnen aus der deutschen Provinz in das englische Königshaus einheirateten. Doch bisweilen gab es auch den umgekehrten Fall. So wurde Augusta (1737–1813), die ältere Schwester Georgs III., 1764 mit dem Erbprinzen Karl Wilhelm Ferdinand von Braunschweig-Wolfenbüttel (1735–1806) vermählt und musste nun wohl oder übel in das kleine norddeutsche Herzogtum umziehen. Heimisch ist sie hier nie geworden. Da half es auch nicht viel, dass sie sich als Erinnerung an die englische Heimat im Süden Braunschweigs ein kleines Schloss bauen ließ: die idyllische Sommerresidenz *Richmond*.

Hier kam am 17. Mai 1768 das dritte Kind des Paares zur Welt, Tochter Caroline. Dabei hatten sich die Eltern so sehr einen Jungen gewünscht, denn der Sohn, der 1766 geboren worden war, war fast blind und auch ansonsten in seiner Entwicklung verzögert. Den Thron, das stand jetzt schon fest, würde er niemals besteigen können, ebenso wenig wie seine 1769 und 1770 geborenen Brüder, die ebenfalls mit schweren Behinderungen zur Welt kamen. Erst 1771 schenkte Augusta einem gesunden Sohn das Leben, Friedrich Wilhelm, der später im Krieg gegen Napoleon als „Schwarzer Herzog“ Furore machte.

Das traurige Los der drei behinderten Söhne lastete schwer auf der Braunschweiger Familie im Grauen Hofschloss am Bohlweg. Während sich Karl Wilhelm Ferdinand mit Reisen nach Italien und diversen Affären ablenkte, versank Mutter Augusta in schweren Depressionen. Dass die Braunschweiger ihr die „Schuld“ an den Behinderungen der Söhne anlasteten, machte die Sache nicht gerade leichter.

In dieser bedrückenden Atmosphäre wuchs Caroline auf und erhielt eine in jeder Hinsicht rudimentäre Erziehung. Als die inzwischen 15-Jährige mit Eleonore von Münster eine neue Lehrerin bekam, musste diese entsetzt feststellen, dass die Prinzessin kaum in der Lage war, ordentlich zu schreiben, und auch sonst erhebliche Wissenslücken aufwies. Die gebildete Frau von Münster tat in den nächsten Jahren ihr Bestes, um Caroline eine halbwegs solide Ausbildung mit auf den Weg zu geben, konnte aber längst nicht alles wettmachen.

Versäumt hatte man nämlich auch, Caroline eindringlich mit den Regeln der höfischen Etikette vertraut zu machen. Das mochte sie in ihrer Natürlichkeit und Unbefangenheit gewiss sympathisch erscheinen lassen, doch mit Blick auf eine spätere Heirat war es unabdingbar, dass sich die junge Braunschweigerin sicher auf dem höfischen Parkett bewegen konnte. Allerdings hielt es anscheinend niemand für nötig, ihr diese strengen „Spielregeln“ beizubringen. So plauderte Caroline unbefangen mit den Braunschweiger Dienstboten und hat scheinbar nie gelernt, dass es besser gewesen wäre, manche Dinge einfach für sich zu behalten.

Langsam wurde es Zeit, nach einem Bräutigam für Caroline Ausschau zu halten, doch leider gaben sich die Bewerber nicht gerade die Klinke in der Hand. Nun war die junge Braunschweigerin auch keine wirkliche Schönheit. Ihr hellbraunes Haar, der blasse Teint und die hellen Augenbrauen ließen sie reichlich farblos erscheinen, und fatalerweise verstand es Caroline auch nicht, mit geschicktem Make-up und ein paar modischen Tricks das Beste aus ihrem Typ zu machen. Im Gegenteil: Sie trug mit Vorliebe gelbe Kleidung, die ihr überhaupt nicht stand und das Gesicht noch fahler erscheinen ließ, als es ohnehin schon war.

Doch das äußere Erscheinungsbild einer Prinzessin ist wohl noch nie der Grund dafür gewesen, dass sich kein passender Bräutigam gefunden hätte. Vielleicht lag es in Carolines Fall auch daran, dass die Herren leise Zweifel an ihrer sittlichen und moralischen Standhaftigkeit hatten. Zwar versuchten die Eltern – seit 1780 das Herzogspaar von Braunschweig-Wolfenbüttel –, einen solchen Eindruck unbedingt zu vermeiden, indem sie die Tochter an der besonders „kurzen Leine" hielten und ihr nur wenig Freiraum gewährten. Doch peinliche Fehltritte schienen durchaus in der Familie zu liegen: Tante Elisabeth, die Schwester von Karl Wilhelm Ferdinand, war deshalb von ihrem preußischen Ehemann, Kronprinz Friedrich Wilhelm, geschieden worden, und Tante Caroline Mathilde, Augustas Schwester und Gemahlin des Königs von Dänemark, wurde bekanntlich die Affäre mit dem Leibarzt Struensee zum Verhängnis.

Vermutlich werden es aber eher die schweren Behinderungen von Carolines Brüdern gewesen sein, die die potenziellen Bewerber abgeschreckt haben. Auch wenn man damals noch nicht viel über Erbkrankheiten wusste, so war es doch auffällig, dass sich die Leiden in der Braunschweiger Familie derart häuften. Die Ursache dafür ist bis heute nicht geklärt.

Nichtsdestotrotz streckte Mutter Augusta eifrig ihre Fühler aus, um die inzwischen schon 26-jährige Caroline endlich „unter die Haube" zu bringen. Ihr Augenmerk galt natürlich dem englischen Königshof, schließlich hatte ihr Bruder Georg III. gleich mehrere ledige Söhne, die als Heiratskandidaten infrage kamen. Bislang hatte der Monarch sich noch zu keiner Entscheidung durchringen können, doch sehr lange konnte er jetzt nicht mehr warten.

Endlich ein Bräutigam in Sicht

König Georg III. und seine Gemahlin Charlotte hatten schon genügend Ärger mit ihren Söhnen, doch die größten Sorgen machte ihnen der 1762 geborene Thronfolger mit seinem völlig indiskutablen Lebensstil und einem immens hohen Schuldenberg (s. S. 68). Inzwischen hatte sich das englische Parlament geweigert, die Verbindlichkeiten des Prinzen von Wales ohne Gegenleistung zu begleichen – und diese Gegenleistung bestand in der Hochzeit mit einer standesgemäßen Dame zwecks Zeugung ebensolchen Nachwuchses. Was nur die engsten Vertrauten von Prinz Georg wussten: Der junge Mann war bereits verheiratet, allerdings heimlich und illegal. 1785 hatte er die sechs Jahre ältere bürgerliche Maria Fitzherbert (1756–1837) geehelicht und damit gegen den *Royal Marriage Act* (1772) verstoßen, der vorsah, dass sämtliche Ehen im englischen Königshaus nur mit ausdrücklicher Genehmigung des Monarchen geschlossen werden durften. Trotzdem war Georgs Ehe mit Maria gültig, auch wenn offiziell ein Mantel des Schweigens darüber gebreitet wurde.

Als Augusta ihrer Tochter eröffnete, dass man endlich einen Bräutigam für sie gefunden habe, konnte Caroline natürlich nicht ahnen, dass sie einen spielsüchtigen Bigamisten heiraten würde, der gerne dem Alkohol zusprach und das Geld mit vollen Händen zum Fenster hinauswarf. Allerdings wurde ihr schon bald klar, dass ihr Zukünftiger seinen Ruf, der „erste Gentleman Europas" zu sein, nicht redlich erworben haben konnte. Gewiss, Georg war gebildet und kultiviert, hatte eine ausgezeichnete Erziehung genossen, interessierte sich für Kunst, Architektur sowie zeitgenössische Literatur und liebte die Musik. Noch mehr aber liebte er die Damenwelt.

Im November 1794 kam ein englischer Gesandter an den Braunschweiger Hof, um mit Carolines Vater die Hochzeitsformalitäten zu regeln und die Braut selbst in Augenschein zu nehmen. Dabei fiel Lord Malmesbury schon bald auf, dass Caroline kein Blatt vor den Mund nahm und offen ausplauderte, was ihr gerade in den Sinn kam. Am 7. Dezember 1794 notierte Malmesbury in sein Tagebuch, welche Ratschläge er ihr für die Zukunft erteilt hatte: „Ich rate ihr, alle Vertraulichkeiten zu vermeiden, keine Vertraute zu haben, womöglich keine bestimmte Meinung auszusprechen, zu billigen, aber nichts übertrieben zu bewundern, über Politik und Parteien vollkommenes Schweigen zu bewahren …" Und doch blieb er eher skeptisch: „Sie nahm all dieses wohl auf, sie war bisweilen in Tränen, aber wohl nur deshalb, weil sie von einigen ihrer alten Freundinnen Abschied genommen hatte."

Carolines Tage in Braunschweig waren also bereits gezählt. Am 29. Dezember 1794 musste sie sich von ihrer Familie und den lieb gewonnenen Höflingen verabschieden, um gemeinsam mit Malmesbury und ihrer Entourage auf die Insel Texel zu reisen, wo sie von der Mannschaft einer englischen Fregatte im Empfang genommen werden sollte.

Doch die Reise verzögerte sich. Nach wie vor herrschte nämlich Krieg in Europa, der Erste Koalitionskrieg (1792–1797) zwischen den alten europäischen Monarchien und der 1792 ausgerufenen Französischen Republik. Inzwischen hatten die Revolutionsheere den Rhein überwunden und waren auf niederländisches Gebiet vorgerückt. Doch ausgerechnet in den Niederlanden lag der Hafen, von dem aus Caroline nach England abreisen sollte. Man musste also die weitere Entwicklung abwarteten.

Um nicht selbst in Gefahr zu geraten, entschloss sich die Reisegesellschaft zu einer längeren Pause in Hannover. Hier hatte Malmesbury noch einmal ausführlich Gelegenheit, Caroline wertvolle Tipps für ihr Zusammenleben mit dem Prinzen von Wales zu geben und ihr hinreichende Aufmerksamkeit, Zurückhaltung und ein geziemendes fürstliches Benehmen ans Herz zu legen. Daneben gab es noch ein etwas heikles Thema, das Carolines Garderobe betraf, denn nach wie vor verstand es die Prinzessin nicht, sich elegant und angemessen zu kleiden, weder hinsichtlich des Stils noch der Farbgebung. Offenbar hatte Mutter Augusta es versäumt, ihre Tochter in Modefragen zu beraten, und auch über das Thema „Körperhygiene" war im Braunschweiger Schloss allem Anschein nach nie geredet worden.

Auf jeden Fall scheint Caroline ein wenig streng gerochen zu haben, denn Lord Malmesbury notierte am 18. Februar 1795: „Ich streite mich mit der Prinzessin über ihre Toilette. Sie rühmt sich, sich schnell anzukleiden, ich missbillige das. Sie besteht auf ihrer Behauptung, ich ersuche Madame Busche zu erklären, dass der Prinz sehr delikat ist und eine lange und sehr sorgfältige *toilette de proprieté* erwartet, von welcher sie keinen Begriff hat. Im Gegenteil, sie vernachlässigt dieselbe schrecklich und stößt dadurch an. Madame Busche hat ihren Auftrag wohl erledigt und die Prinzessin erscheint am nächsten Tag überall rein gewaschen."

Nachdem diese peinliche Angelegenheit zumindest vorerst geklärt war, bereitete Malmesbury Caroline schonend auf das vor, was sie in England erwartete. Zwar war die Liebe des Prinzen von Wales zu Maria Fitzherbert inzwischen etwas abgekühlt, doch jetzt hatte er eine andere Favoritin an seiner Seite: Lady Frances Jersey (1753–1821), eine ebenso attraktive wie ehrgeizige Person, die Georg nun ausgerechnet zu Carolines Hofdame bestimmt hatte.

Hochzeit mit dem Prinzen von Wales

Nachdem sich die Reise nach England um mehrere Wochen verzögert hatte, konnte es Ende März 1795 endlich weitergehen. Im sicheren Cuxhaven lag die *Jupiter* vor Anker, die Caroline nun samt ihrer Entourage in die neue Heimat brachte.

Doch als die Prinzessin dann wenige Tage später an Land ging, war – außer einer riesigen Menge Schaulustiger – weit und breit keine Menschenseele da, um sie zu ihrem Bräutigam in den Londoner *St. James Palace* zu geleiten. Erst nach einer Stunde rollte die königliche Kutsche an – und ihr entstieg Lady Jersey, die es noch nicht einmal für nötig hielt, die Verspätung zu erklären, geschweige denn, sich dafür zu entschuldigen. Doch Caroline behielt die Contenance und überließ es Lord Malmesbury, der Hofdame gründlich die Meinung zu sagen.

Unmittelbar nach ihrer Ankunft in London am Nachmittag des 5. April 1795 lernte Caroline endlich ihren Bräutigam kennen. Es war eine seltsame Begegnung. Malmesbury stellte ihm die Prinzessin vor, so wie es die Etikette verlangte, woraufhin Georg nur ein paar belanglose Worte murmelte, danach einen Brandy verlangte, das Glas in einem Zug leerte und eiligst den Raum verließ, ohne seine Braut auch nur eines Blickes zu würdigen.

Caroline war sprachlos. Aber sie hatte zumindest einen ersten Vorgeschmack von dem erhalten, was sie in ihrer Ehe mit Georg erwarten würde. Auch die Hochzeit selbst, die am 8. April 1795 in der Kapelle des *St. James Palace* stattfand, war äußerst skurril. Der Bräutigam, der sich zuvor reichlich Mut angetrunken hatte, war furchtbar nervös, stand mitten in der Trauzeremonie plötzlich auf und blickte sich ängstlich um. Fürchtete er womöglich, einer der Gäste würde Einspruch gegen diese Ehe erheben und ihn als Bigamisten entlarven? Aber nichts geschah, und so erklärte der Bischof von Canterbury Georg und Caroline offiziell zu Mann und Frau.

Die Hochzeitsnacht erwies sich als ähnliches Debakel. Der Prinz, der „Zuflucht in Wein und geistigen Getränken gesucht hatte", wie es Malmesbury formulierte, war schließlich so betrunken, dass er vor dem Kamin im Schlafzimmer zu Boden stürzte und, wie Caroline später gestand, „schlief, wo er hingefallen war und ich ihn liegen ließ".

Und doch muss es Georg entweder in der Hochzeitsnacht selbst oder wenig später gelungen sein, seine ehelichen Pflichten zu erfüllen. Es dauerte nämlich nicht lange, bis ihn Caroline mit der freudigen Nachricht überraschte, dass sie ein Kind erwartete. Georg reagierte mit gemischten Gefühlen. Einerseits war er natürlich heilfroh, dass die Thronfolge gesichert schien. Doch dass Caroline so schnell schwanger geworden war, obwohl sich im Ehebett nicht allzu viel abgespielt hatte, machte ihn reichlich stutzig. War er wirklich der Vater des Kindes? Oder hatte ihn seine Gemahlin schon vor der Hochzeit betrogen? Vielleicht war sie während der Seereise dem smarten Kapitän Pole näher gekommen? Tatsächlich erhielt Georg nur wenige Tage später ein anonymes Schreiben: „Wundern Sie sich nicht über den Vorzug, den Ihre Gemahlin dem Kapitän Pole gibt. Die Gräfin (Lady Jersey) und die anderen Damen des Gefolges werden Ihnen die Versicherung geben können, dass es nicht das erste Mal war, dass Ihre Gemahlin einen Abend mit diesem Offizier verbrachte."

Vermutlich war die Absenderin dieses Schreibens keine andere als Lady Jersey selbst, die ihre „Konkurrentin“ auf diese hinterhältige Weise aus dem Weg räumen wollte und Georg so einen ersten möglichen Scheidungsgrund lieferte. Aber da es keine weiteren Beweise für einen Ehebruch der Prinzessin gab, verlief die Sache schließlich im Sande. Trotzdem kümmerte sich Georg nicht weiter um seine junge Gemahlin. Während er zusammen mit Lady Jersey vergnügliche Sommerwochen im Seebad Brighton verbrachte, saß die schwangere Caroline einsam zu Hause und sehnte sich zurück nach Braunschweig.

Am 7. Januar 1796 brachte Caroline eine Tochter zur Welt, die nach der englischen Großmutter auf den Namen Charlotte getauft wurde. Ganz England jubelte über die Geburt der mutmaßlichen Thronfolgerin, und selbst der Prinz von Wales entwickelte sich mit der Zeit zum stolzen Vater – denn dass Charlotte sein eigen Fleisch und Blut war, konnte niemand übersehen: Die Kleine war ihrem Vater wie aus dem Gesicht geschnitten.

Doch das änderte nichts an der Tatsache, dass die Ehe von Caroline und Georg eine einzige Katastrophe blieb. Praktisch von Anfang an lebten beide getrennt von Tisch und Bett, noch allerdings unter einem Dach im Londoner *Carlton House*. Die Treppe, die ihre Appartements miteinander verband, wurde niemals benutzt. Dann aber erhielt Caroline im April 1796 von ihrem Gemahl ein seltsames Schreiben. Darin hieß es, die „Natur“ habe beide „nun einmal nicht übereinstimmend geschaffen“, und deshalb schlug Georg ganz ohne Umschweife vor, dass sie sich auch räumlich trennen sollten. Was er gegenüber Caroline noch recht diplomatisch ausdrückte, klang seinen Freunden gegenüber schon ganz anders: Lieber wolle er „mit Schlangen und anderem Getier an einem Tisch sitzen“, als mit der Frau, die er vor einem Jahr hatte heiraten müssen!

Warum Georg Caroline so hasste, lässt sich nicht eindeutig beantworten. Gewiss, sie war ihm von seinem Vater als Gemahlin aufgezwungen worden und konnte schon allein optisch gesehen kaum als seine Traumfrau gelten. Auch dass sie große Schwierigkeiten hatte, sich der höfischen Etikette anzupassen und noch immer redete, wie ihr der Schnabel gewachsen war, ging dem Prinzen mächtig gegen den Strich. Aber das alles erklärt nicht den geradezu pathologischen Hass, den er gegenüber Caroline verspürte.

Georg wird aufgeatmet haben, als sie tatsächlich in die vorgeschlagene Trennung einwilligte, die mit ihrem Auszug aus *Carlton House* verbunden war. Vermutlich war sie ganz froh darüber, ihrem merkwürdigen Gemahl künftig nur noch bei offiziellen Anlässen über den Weg laufen zu müssen. Im Sommer 1797 bezog die Prinzessin das vergleichsweise bescheidene *Montague House* am Rande des *Greenwich Park* in Blackheath am Südufer der Themse. Der einzige Wermutstropfen war: Die kleine Charlotte musste in London bleiben, doch Caroline dufte ihre Tochter regelmäßig sehen. Das zumindest hatte ihr König Georg III. versprochen, der die Trennung des Thronfolgerpaares zutiefst missbilligte, auch wenn es sich nicht um eine Scheidung im juristischen Sinne handeln mochte.

Carolines neues Leben in *Montague House*

Zum ersten Mal in ihrem Leben fühlte sich Caroline von allen Zwängen befreit und war fest entschlossen, diese neue Freiheit auch in vollen Zügen zu genießen. Die höfische Etikette war ihr dabei ebenso gleichgültig wie gängige Konventionen. Eigentlich war es ein ungeschriebenes Gesetz, dass eine Prinzessin nie ohne „Anstandsdame“ das Haus verließ, damit ihr guter Ruf keinen Schaden nahm. Doch was kümmerte das Caroline? Sie empfing in *Montague House* zahlreiche Gäste, darunter Politiker, Künstler, Wissenschaftler, und plauderte mit ihnen am liebsten die ganze Nacht hindurch. Mitunter ging sie mit einem der Herren auch nach Einbruch der Dunkelheit allein durch den Park spazieren oder zog sich mit einem Gast ins Separee zurück – ganz ohne lästige Hofdamen.

Solche Begebenheiten mögen völlig harmlos gewesen sein, wurden von der Umgebung der Prinzessin jedoch mit einer gewissen Irritation zur Kenntnis genommen. Es konnte daher nicht ausbleiben, dass heimlich über Caroline getuschelt wurde und Gerüchte von verbotenen Liebschaften die Runde machten. Heikel war auch, dass es sich bei den Politikern, die in *Montague House* ein- und ausgingen, ausschließlich um Mitglieder der *Tories* handelte, während der Thronfolger demonstrativ die oppositionellen *Whigs* unterstützte. Mit anderen Worten: Selbst wenn es ihr möglicherweise gar nicht bewusst war, so wurde Carolines Haus doch zu einem Treffpunkt der Gegner des Prinzen von Wales.

Caroline fühlte sich in ihrem neuen Zuhause vollkommen sicher und dachte offenbar nicht im Traum daran, dass es unter ihrem Personal möglicherweise Spione geben könnte, die in den Diensten des Prinzen von Wales standen. Dabei suchte Georg doch nach wie vor nach einem Scheidungsgrund. Sollte sich nämlich herausstellen, dass Caroline tatsächlich eine intime Beziehung zu einem anderen Mann hatte, dann wäre das endlich der von Georg herbeigesehnte Grund für eine offizielle Trennung. Caroline mag zwar naiv und unvorsichtig gewesen sein, dass sie mit einem ihrer Gäste eine heiße Affäre hatte, ist dennoch eher unwahrscheinlich. Eine Schwangerschaft hätte sie und ihren Geliebten schließlich Kopf und Kragen gekostet.

Im Frühjahr 1802 lernte Caroline Lady Charlotte Douglas kennen, die seit kurzem zusammen mit ihrer Familie in der Nachbarschaft wohnte. Beide Frauen freundeten sich an, und Lady Douglas war mit ihren beiden kleinen Töchtern häufig in *Montague House* zu Besuch. Der Anblick der beiden niedlichen Mädchen machte Caroline immer wieder schmerzlich bewusst, wie sehr sie doch die inzwischen fünfjährige Charlotte vermisste, die nach wie vor am Londoner Königshof erzogen wurde. Sie überlegte: Wenn sie Charlotte nicht dauerhaft bei sich haben konnte, dann vielleicht ein anderes Kind? Dieser Gedanke ließ Caroline nicht mehr los, und so bat sie ihre Hausangestellten, sich umzuhören, ob jemand aus der Umgebung sein Baby in Pflege geben wollte.

Tatsächlich meldete sich im Oktober 1802 eine junge Frau in *Montague House*, die sich als Sophia Austin vorstellte. Ihr Mann, berichtete sie, sei vor kurzem arbeitslos geworden und nun wisse sie nicht, wie sie ihre vielköpfige Familie satt bekommen sollte. Erst kürzlich war noch ein weiteres Kind hinzugekommen, der kleine William. Caroline hörte der Frau aufmerksam zu und bot ihr dann in mehrfacher Hinsicht ihre Hilfe an: Zum einen wollte sie dafür sorgen, dass Vater Austin als Hafenarbeiter wieder in Lohn und Brot kam, zum anderen bot sie an, Baby William zu sich zu nehmen und großzuziehen. Seine Eltern könnten ihn besuchen, sooft sie wollten. Der Not gehorchend willigte Sophia Austin ein und übergab den kleinen Sohn der Obhut von Prinzessin Caroline.

Dass ein Mitglied des englischen Königshauses ein Kind aus einer einfachen Arbeiterfamilie „adoptierte", war einmalig. Aber das kümmerte Caroline nicht, ebenso wenig wie die abschätzigen Blicke, die manche ihrer Bediensteten dem kleinen Jungen zuwarfen. Sie war ganz einfach nur glücklich und kümmerte sich liebevoll um „ihren" William.

Kurz nach Weihnachten 1802 zerbrach jedoch die enge Freundschaft mit Lady Douglas, ohne dass Caroline einen wirklichen Grund hätte nennen können. Alle dahingehenden Fragen erübrigten sich allerdings ohnehin, als die Familie wenig später aus Blackheath fortzog. Das Leben in *Montague House* nahm unterdessen seinen gewohnten Lauf, wenn auch wesentlich ruhiger als in früheren Zeiten.

Ein gewaltiger Verdacht

Doch dann passierte hinter Carolines Rücken etwas Ungeheuerliches: Im November 1805 behauptete Lady Douglas vor der englischen Königsfamilie, Carolines „Adoptivsohn" William Austin sei in Wirklichkeit das leibliche Kind der Prinzessin! Sie habe es in *Montague House* zur Welt gebracht, was sie, Lady Douglas, beweisen und beschwören könne.

Ehebruch! In den Ohren des Prinzen von Wales muss diese Nachricht wie Musik geklungen haben – vorausgesetzt, er steckte nicht selbst hinter der ganzen Geschichte.

Wie auch immer – auf jeden Fall eröffnete im Mai 1806 eine parlamentarische Untersuchungskommission das „heikle Ermittlungsverfahren" gegen Caroline. Vorerst blieb das Ganze jedoch geheim. Weder die Öffentlichkeit noch Caroline selbst sollten von den gegen sie erhobenen Vorwürfen erfahren.

Im Zeugenstand machte nun Lady Douglas ihre Aussage: „Im Mai oder Juni 1802 kam die Prinzessin einmal ganz allein zu mir und sagte, ich soll einmal raten, was ihr widerfahren sei …, worauf sie mir endlich eröffnete, sie sei in anderen Umständen und fühle das Kind sich bewegen. Wer der Vater des Kindes ist, hat sie mir nicht gesagt, als sie mir aber ihre Umstände entdeckte, dachte ich gleich, Sir Sidney Smith möge wohl der Vater sein."

Sir Sidney Smith (1764–1840) gehörte zu den Herren, die regelmäßig bei Caroline zu Gast gewesen waren, damals, als der kleine William noch nicht bei ihr lebte. Auch er wohnte in Carolines Nachbarschaft. Seitdem die englische Flotte unter seinem Kommando 1799 dem aufstrebenden Napoleon getrotzt und die Einnahme der befestigten Stadt Akkon verhindert hatte, war Smith zum populären Seehelden aufgestiegen. Caroline mochte den charismatischen Sir Sidney ausgesprochen gerne, denn er war nicht nur ein attraktiver Mann, sondern auch ein brillanter Erzähler, der seine Zuhörer mit spannenden Abenteuergeschichten zu fesseln vermochte. Aber ob er tatsächlich Williams Vater war? Auf jeden Fall schien Lady Douglas über ein ausgezeichnetes Gedächtnis zu verfügen, denn sie sagte vor Gericht: „Am 30. oder 31. Oktober 1802 sah ich die Prinzessin vor ihrem Haus spazieren gehen. Sie war so gekleidet, dass man nicht sehen konnte, ob sie schwanger war, denn sie trug ein langes Kleid und einen sehr dicken Muff." Danach habe sie Caroline zwei Monate lang nicht mehr gesehen. „Als ich im Januar zurückkam, ging ich sogleich nach *Montague House*, wo ich auch empfangen wurde … Auf dem Sofa lag ein Kind, welches mit einer roten Decke zugedeckt war. Die Prinzessin stand auf, nahm mich bei der Hand und sagte: ‚Das ist mein Kind. Ich habe es zwei Tage, nachdem Sie bei mir waren, bekommen.'"

Anschließend wurde Carolines Personal befragt – Pagen, Küchenhilfen und Zimmermädchen, die ihren Dienst zum Teil längst quittiert hatten. Doch deren Aussagen waren keineswegs eindeutig. Während die einen die vermeintliche Schwangerschaft der Prinzessin bestätigten, gaben andere vor, nichts davon bemerkt zu haben. Carolines ehemaliger Page plauderte aus, was ihm angeblich ein Zimmermädchen unter dem Siegel der Verschwiegenheit anvertraut hatte: Sie habe die Prinzessin und Sir Sidney gleichsam „in flagranti“ erwischt. Später habe die Waschfrau an der Bettwäsche sogar eindeutige Spuren einer Entbindung entdeckt. Dem widersprach ein anderes Zimmermädchen ganz energisch: „Ich glaube nicht, dass sie ein Kind bis zum Ende hätte austragen können, ohne dass ich es bemerkt hätte.“ Und so ging es weiter. Es gab zwar jede Menge Indizien, aber keine wirklichen Beweise. Das „heikle Ermittlungsverfahren“ endete mit der Vorladung von Sophia Austin, die überzeugend darlegen konnte, dass es sich bei dem kleinen William um ihr Kind handelte. Am 14. Juni 1806 wurde das Verfahren gegen Caroline eingestellt.

Bis heute unklar ist die Rolle, die Lady Douglas in dieser Geschichte spielte. Handelte sie aus eigenem Antrieb oder war sie von Anfang an auf Caroline „angesetzt“ worden, um dem Prinzen von Wales schlagkräftige Argumente für eine Scheidung zu sichern? Dafür spricht zumindest eine jährliche Rente von 200 Pfund, die Georg der zwielichtigen Lady großzügigerweise zukommen ließ.

Die „Königin der Herzen“

Obwohl die Öffentlichkeit nichts von der Untersuchung gegen Caroline erfahren sollte, sickerten natürlich doch ein paar Informationen durch und wurden von der Presse genüsslich ausgebreitet. Die allermeisten Engländer waren zutiefst darüber empört, wie schäbig der Prinz von Wales mit seiner Gemahlin umging. Beliebt war Georg bei den Untertanen ohnehin nicht, denn man nahm es dem Thronfolger übel, dass er das Geld mit vollen Händen ausgab, während sich die Lage der englischen Arbeiterschaft dramatisch verschlechterte. Meist reichten die mageren Löhne noch nicht einmal aus, um die Familie zu ernähren, sodass auch Frauen und Kinder mitarbeiten mussten. Immer wieder kam es deshalb zu Aufständen.

Als Georg 1811 endgültig die Regentschaft für seinen kranken Vater übernahm (s. S. 71), wurde er vollends zur Hassfigur. Man verübelte ihm nicht nur seine Unfähigkeit, längst überfällige Wirtschaftsreformen durchzuführen, sondern auch sein liederliches Privatleben mit wechselnden Mätressen. Doch je mehr sich die Engländer über Georg empörten, desto inniger verehrten sie Caroline, die so schmählich behandelte Gemahlin des Regenten. Und so wurde Caroline ganz ohne ihr eigenes Zutun zur „Königin der Herzen" – ein Umstand, der Georgs Hass nur noch mehr anfachte.

Seine politischen Misserfolge kompensierte Georg auch weiterhin mit einem glanzvollen Hofleben und zahlreichen Festlichkeiten. Zur fürstlichen Prachtentfaltung gehörten beispielsweise opulente Opernaufführungen. Und ausgerechnet hier passierte es im Sommer 1814: Vor Beginn der Vorstellung wurde wie üblich die englische Nationalhymne gespielt. Kaum war der letzte Ton verklungen, als tosender Beifall erschallte und laute Jubelrufe zu hören waren. Geschmeichelt stand Georg auf, um sich vor dem Publikum zu verbeugen. Doch just in dem Moment wurde ihm klar, dass der frenetische Beifall überhaupt nicht ihm galt, sondern einer anderen Person, die gerade in ihrer Loge Platz genommen hatte: Prinzessin Caroline.

Caroline auf Reisen

Von nun an versuchte Georg mehr denn je, seiner verhassten Gemahlin das Leben so schwer wie möglich zu machen. Als geeignetes Instrument, Caroline empfindlich zu treffen, erschien ihm die „Kontaktsperre" zu Tochter Charlotte. Als Georg III. im Königshaus noch das Sagen hatte, war es selbstverständlich gewesen, dass sich Mutter und Tochter regelmäßig sahen. Doch inzwischen lebte der König längst in geistiger Umnachtung auf Schloss Windsor, und sein Sohn konnte schalten und walten, wie er wollte. Charlotte durfte also nicht mehr nach *Montague House* kommen, und wenn Caroline nach London fuhr, um die inzwischen 18-Jährige zu besuchen, dann stand sie vor verschlossenen Türen.

Zermürbt begann sich Caroline schließlich zu fragen: Was hält mich überhaupt noch in diesem Land, in dem man mir so viel Kummer bereitet? Spontan fasste sie den Entschluss, England zu verlassen und auf Reisen zu gehen – eine kühne Idee, die aber von Georg mit großer Begeisterung aufgenommen wurde. Der Regent bot ihr sogar eine großzügige Apanage für den Fall, dass sie England den Rücken kehrte und so aus seinem Gesichtskreis verschwand. Womöglich hatte Caroline schon länger mit dem Gedanken gespielt, doch bislang hatten die Napoleonischen Kriege Reisen auf den Kontinent unmöglich gemacht. Jetzt aber herrschte endlich Frieden, und Caroline, inzwischen 46 Jahre alt, war fest entschlossen, das Leben noch einmal in vollen Zügen zu genießen.

Im August 1814 sagte sie England Lebewohl und reiste – zusammen mit ihrem Adoptivsohn William und mehreren Begleitern – zunächst nach Braunschweig, das sie seit knapp 20 Jahren nicht mehr gesehen hatte. Vieles hatte sich hier verändert. Ihre Eltern waren inzwischen gestorben, und im Braunschweiger Schloss residierte nun ihr jüngster Bruder Friedrich Wilhelm, der seine ganze Kraft aufwenden musste, um das kleine Herzogtum nach den Wirren des Krieges wieder auf die Beine zu stellen. Für seine unternehmungslustige Schwester hatte er nur wenig Zeit. Caroline beschloss daher, weiter gen Süden zu reisen und sich vielleicht sogar ganz im sonnigen Italien niederzulassen. Gesagt, getan. Die Prinzessin erwarb eine schmucke Villa am Comer See, fühlte sich hier vollkommen ungebunden und schien völlig vergessen zu haben, dass sie ja immer noch die Prinzessin von Wales war – und dass es im regnerischen London einen Ehemann gab, der sie weiterhin abgrundtief hasste.

Die einzigen Probleme bereitete Caroline die Verständigung mit den Italienern, denn weder sie selbst noch ihre Begleiter beherrschten die Landessprache. Daher beschloss die Prinzessin, nach einem geeigneten „Dolmetscher“ Ausschau zu halten, der ihr künftig als Übersetzer und landeskundiger Berater zur Seite stehen sollte. Man empfahl ihr einen 30-jährigen Italiener namens Bartolomeo Pergami, der zuvor schon ähnliche Aufträge zuverlässig erledigt hatte. Caroline mochte Pergami auf Anhieb, denn er überzeugte nicht nur durch seine berufliche Qualifikation, sondern durch sein gesamtes Erscheinungsbild. Schließlich entsprach er ganz dem Typ des „Latin Lovers“, gut aussehend, mit schwarzem lockigen Haar, dunklen Augen und charmantem Auftreten. Wie vorauszusehen war, wurde Bartolomeo Pergami Carolines „Mann für alle Fälle", denn künftig wich er der Prinzessin auch dann nicht von der Seite, wenn seine Übersetzungskünste überhaupt nicht gefragt waren.

So wohl sie sich in Italien auch fühlen mochte – es dauerte nicht lange, und Caroline machte schon wieder neue Reisepläne. Es zog sie mit aller Macht in den Orient, der gerade regelrecht in Mode kam. Gemeinsam mit Bartolomeo Pergami und mehreren Bediensteten brach Caroline im November 1815 von Genua aus zu einer „Mittelmeerkreuzfahrt" auf. Zunächst erkundete sie Elba, wo Napoleon ein knappes Jahr in der Verbannung gelebt hatte, dann ging es weiter nach Sizilien, und von dort aus schließlich nach Tunis. Bislang war die Reisegruppe mit einem luxuriösen Schiff der Royal Navy unterwegs gewesen, doch in Sizilien hatte Caroline beschlossen, einen einfachen Frachter anzuheuern, die *Polacca*. Die Gründe liegen auf der Hand: Sie war es leid, dass die englische Besatzung sie mit Argusaugen beobachtete und Details ihrer Reise womöglich nach London weitertratschte. Auf der *Polacca*, so glaubte Caroline, würde sich niemand für ihr Verhalten interessieren.

Das betraf zunächst einmal ihre Schlafgewohnheiten: „Ich blieb Tag und Nacht an Deck", schrieb sie später in ihren Erinnerungen, „hier hatte man eine Art Zelt für mich aufgebaut. Ich lag dort, ohne meine Kleidung auszuziehen und diejenigen, die mit mir an Deck waren, machten es genauso." Tatsächlich? Außer Caroline war nachts nämlich nur noch einer an Deck: ihr treuer Begleiter Bartolomeo Pergami, der ebenfalls im „Türkischen Zelt" nächtigte, angeblich, um die Prinzessin zu beschützen.

So nahm die *Polacca* Kurs auf Tunesien, wo Caroline als Prinzessin von Wales vom *Bey*, dem Zivilverwalter des Landes, mit aller orientalischen Prachtentfaltung begrüßt wurde und dann die Ruinen von Karthago besichtigen konnte. Wenige Tage später verabschiedete sie sich von ihrem großzügigen Gastgeber und ging wieder an Bord, um sich zunächst Athens berühmte Akropolis anzusehen und danach weiter ins Heilige Land zu reisen, gewissermaßen der krönende Abschluss der „Mittelmeerkreuzfahrt". Während die *Polacca* heimwärts segelte, genoss Caroline noch einmal die lauen Sommernächste im „Türkischen Zelt" und schien die Welt um sich herum völlig zu vergessen. Im September 1816 kehrte die Reisegesellschaft wieder in die Villa am Comer See zurück.

Es hat nicht den Anschein, als habe Caroline vorgehabt, jemals nach England zurückzukehren – erst recht nicht, nachdem sie im Januar 1818 durch einen Boten die Nachricht erhielt, dass ihre Tochter Charlotte im November des Vorjahres bei der Geburt ihres ersten Kindes gestorben war. Georg hatte es noch nicht einmal für nötig befunden, seine Gemahlin persönlich vom tragischen Tod ihres einzigen Kindes zu benachrichtigen. Das übernahm der trauernde Witwer Leopold von Sachsen-Coburg, der die englische Thronerbin im Mai 1816 geheiratet hatte.

Die nächsten zwei Jahre verbrachte Caroline mit Bartolomeo Pergami und dessen Familie völlig zurückgezogen. Inzwischen hatte sie die teure Villa am Comer See wieder verkauft und ein kleineres Anwesen in der beschaulichen Hafenstadt Pesaro erstanden. Hier erfuhr sie im Februar 1820, dass ein gnädiger Tod Georg III. endlich von seinem langen Leiden erlöst hatte. Jetzt aber saß ihr Gemahl als Georg IV. auf dem englischen Thron – und sie selbst war als dessen rechtmäßige Gemahlin Königin geworden. Was sollte sie tun? Die Tatsache einfach ignorieren und in Italien bleiben? Oder war es nun an der Zeit, Italien zu verlassen und nach England zurückzukehren? Wohlwollende Berater rieten Caroline dringend von einer Rückkehr ab, und auch Georg IV. gab zu verstehen, dass er gerne auf eine Königin an seiner Seite verzichten wollte. Er stellte Caroline sogar in Aussicht, ihre ohnehin schon großzügige Apanage um weitere 15 000 Pfund zu erhöhen, wenn sie bloß dort bliebe, wo sie war. Doch Caroline hatte sich in den Kopf gesetzt, ihre Rechte als englische Königin unbedingt geltend zu machen. Im Sommer 1820 verabschiedete sie sich von Pergami und reiste tatsächlich zurück nach England. Dort allerdings erwartete sie eine böse Überraschung.

Prozess gegen Caroline

Carolines Berater hatten sie nicht grundlos davor gewarnt, wieder englischen Boden zu betreten. Zwar wurde die neue Königin von der Bevölkerung mit großem Jubel empfangen, doch Georg IV. ging sofort zum Angriff über. Jetzt fiel es Caroline wie Schuppen von den Augen. Während sie sich in Italien und auf ihrer Mittelmeerreise völlig frei gefühlt hatte, war sie während der ganzen Zeit tatsächlich von Georgs Spionen beobachtet und ausgespäht worden! Und damit schien der neue König endlich genügend Beweise gesammelt zu haben, um ein ordentliches Scheidungsverfahren wegen Ehebruchs anstrengen zu können.

Im August 1820 wurde ein Verfahren gegen Caroline eröffnet, das ihre „sittlichen Verfehlungen" ans Tageslicht bringen sollte, den fortgesetzten Ehebruch mit Bartolomeo Pergami. Drei Monate lang wurden ehemalige Hausangestellte und andere Zeugen vorgeladen, um gegen die Königin auszusagen.

Der erste Belastungszeuge war ein früherer Bediensteter, der seinerzeit an der langen Orientreise teilgenommen hatte. Er plauderte freimütig alles aus, was man von ihm hören wollte, darunter auch etliche pikante Details. Wie sich der Herr genüsslich erinnerte, hatten Caroline und Pergami die Nächte gemeinsam an Bord der *Polacca* im „Türkischen Zelt" verbracht, das, von einer Laterne von innen beleuchtet, durch den dünnen Stoff alle intimen Geheimnisse preisgegeben haben soll. Das bestätigten auch der Kapitän des Schiffes und mehrere Matrosen, die gesehen haben wollten, wie sich Caroline und Pergami umarmten. Eine ehemalige Kammerfrau hatte sogar die Bettwäsche nach verräterischen Spuren durchsucht und war fündig geworden. Und so ging es weiter.

Das Verfahren schlug in ganz England hohe Wellen. Die meisten Untertanen hielten nach wie vor treu zu ihrer „Königin der Herzen", denn nie zuvor hatte es ein solch entwürdigendes Spektakel gegeben. Wochenlang füllte der Skandal die Klatschspalten der englischen Zeitungen, und der Volkszorn gegen die ungerechte Behandlung der Königin nahm dramatische Ausmaße an. Georg IV.

hielt es für angebracht, sich auf Schloss Windsor zu verbarrikadieren, und traute sich nicht mehr an die Öffentlichkeit.

Und so kam es, dass der König trotz zahlreicher Indizien und mutmaßlicher Beweise letztlich doch auf die Scheidung von Caroline verzichtete. Das hatten ihm seine Anwälte in Anbetracht der aufgeladenen Stimmung, die in England herrschte, dringend ans Herz gelegt. Die wirtschaftlichen Verhältnisse der englischen Arbeiter hatten sich in den vergangenen Jahren weiter verschlechtert. Bereits 1811 hatte ein Weberaufstand den Regenten in Angst und Schrecken versetzt; ihm fehlte jedoch die Kraft, dringend notwendige Reformen einzuleiten. An Buhrufe hatte sich Georg mittlerweile gewöhnt, inzwischen aber flogen immer häufiger auch Steine, hin und wieder gab es sogar Schüsse. Lag ein gewaltsamer Umsturz in der Luft? Möglicherweise hätte die Scheidung tatsächlich eine Revolution zur Folge gehabt, ähnlich wie in Frankreich 1789. Um den Thron nicht zu riskieren, entschloss sich Georg IV., lieber klein beizugeben.

Englands ungekrönte Königin

Doch Carolines Triumph währte nur kurz, denn jetzt holte Georg IV. zu einem letzten entscheidenden Schlag aus. Sein Ziel war es, den guten Ruf, den seine verhasste Immer-noch-Gemahlin bei den englischen Untertanen genoss, ein für allemal zu ramponieren. Und dazu benutzte er die Presse.

Am 17. Dezember 1820 erschien auf dem englischen Zeitungsmarkt ein neues Magazin, *John Bull*. Es war nichts anderes als eine einzige Schmähschrift gegen die Königin. Woche für Woche präsentierten die Blattmacher neue, zum Teil sehr obszöne Karikaturen, die Carolines mutmaßliches Liebesleben mit Bartolomeo Pergami aufs Korn nahmen. Eine Zeichnung zeigte die Prinzessin mit ihrem Liebhaber in der Badewanne, ein anderes Mal waren die beiden heftig schmusend in einer Kutsche zu sehen. Besonders geschmacklos war eine Karikatur von Pergami, der auf einer Ziege ritt, wobei das Tier eindeutig Carolines Gesichtszüge trug.

Die Pressekampagne verfehlte ihre Wirkung nicht, zumal das Blatt auch all diejenigen attackierte, die Caroline seit ihrer Rückkehr nach England besucht hatten. Bald traute sich kaum noch jemand, Kontakt zur Königin aufzunehmen – so groß war die Angst, von der feinen Gesellschaft gemieden zu werden. Und da auch das einfache Volk verunsichert auf Distanz ging, wurde es allmählich einsam um die Braunschweigerin.

Trotzdem war Caroline noch immer guten Mutes und glaubte fest daran, am 19. Juli 1821 zusammen mit Georg IV. in der *Westminster Abbey* zur englischen Königin gekrönt zu werden. Doch dann kam der Schock: Nur wenige Tage vorher teilte man ihr schriftlich mit, dass ihre Teilnahme an der feierlichen Zeremonie nicht vorgesehen war. Aber selbst diese Absage konnte Caroline nicht einschüchtern. Schließlich war sie eigens zurück nach England gekommen, um ihre Rechte als Königin einzufordern. Da konnte und wollte sie jetzt keinen Rückzieher machen!

Am Morgen des 19. Juli legte Caroline eine elegante weiße Seidenrobe an, rief nach einer Kutsche und fuhr in Begleitung von zwei Hofdamen trotzig zur *Westminster Abbey*. Glaubte sie tatsächlich, doch noch an der Krönung teilnehmen zu können? Doch es ist müßig, über ihre Motive zu spekulieren. Am Ziel angekommen, ging Caroline mit festem Schritt zum Eingang der Kathedrale und verlangte laut und deutlich: „Lassen Sie mich herein, ich bin Ihre Königin!" Doch das Wachpersonal verweigerte ihr den Zutritt. „Sie wich zurück", schrieb einer ihrer Vertrauten, „ich glaube wahrhaftig, es war das erste Mal in ihrem Leben, dass sie zurückwich".

Jetzt blieb der gedemütigten Königin nichts anderes mehr übrig, als ihre Kutsche zu besteigen und zurück zu ihrem Wohnsitz zu fahren. Sie war vollkommen deprimiert und wollte nur noch allein sein. Doch Carolines Leiden war nicht nur seelischer Natur, sie war ganz offensichtlich ernsthaft krank. Nachdem sie am 30. Juli 1821 nach einem Theaterbesuch nach Hause zurückkehrte, klagte sie über heftige Schmerzen, die die ganze Nacht anhielten. Am nächsten Morgen ließ sie ihren Leibarzt rufen und äußerte den Verdacht, sie sei möglicherweise vergiftet worden. War es tatsächlich so? Hatte ihr Georg IV. ein tödliches Pülverchen unters Essen mischen lassen, um sie endgültig loszuwerden? Caroline hat das offenbar geglaubt, doch der Arzt konnte ihre Vermutung nicht bestätigen – oder wollte er es nicht? Auf jeden Fall fiel seine Diagnose derart niederschmetternd aus, dass er Caroline dringend ans Herz legte, umgehend ihr Testament zu machen. Die Königin nahm das Todesurteil überraschend gefasst entgegen und setzte sich gleich an den Schreibtisch, um den inzwischen 19-jährigen Ziehsohn William Austin zu ihrem Haupterben einzusetzen. Ausdrücklich verfügte sie zudem, dass sie keineswegs in England, sondern „zu Hause" in der Welfengruft des Braunschweiger Doms beigesetzt werden wollte.

Am 7. August 1821 starb Caroline im Alter von 53 Jahren. Die genaue Todesursache ist bis heute unbekannt, denn sie selbst hat eine Obduktion ausdrücklich untersagt, aus welchen Gründen auch immer. Wenige Tage später wurden ihre sterblichen Überreste über Stade nach Braunschweig gebracht, wo der Sarkophag am späten Abend des 24. August 1821 eintraf. Trotz der nächtlichen Stunde säumten Tausende von Menschen die Straßen, um von Caroline Abschied zu nehmen. Dann wurde der Sarg ohne die übliche kirchliche Zeremonie in die Welfengruft getragen, wo zuvor schon die herzoglichen Eltern beigesetzt worden waren.

Es gab nur wenige Menschen, die um Englands ungekrönte Königin trauerten. Einer davon war William Austin, Carolines Alleinerbe. Über dessen weiteres Schicksal ist nur wenig bekannt. Bis zu seinem Lebensende reichte das Vermächtnis jedenfalls nicht, denn 1846 machte ihn einer seiner Brüder in einem Mailänder Armenasyl ausfindig. Bartolomeo Pergami war schon vier Jahre vorher den Folgen eines schweren Reitunfalls erlegen.

Georg IV. überlebte seine ungeliebte Gemahlin um neun Jahre und starb am 26. Juni 1830 auf Schloss Windsor. Hat er Caroline tatsächlich vergiftet? Falls ja, so hat er dieses brisante Geheimnis mit in sein Grab genommen.

Auch wenn ihre Ehe mit Wilhelm IV. wider Erwarten recht harmonisch verlief, so war Adelheid von Sachsen-Meiningen (1792–1849) doch die Unglücklichste im Reigen der englischen Königinnen. Alle Kinder, die sie zur Welt brachte, starben bereits kurz nach der Geburt, die Untertanen misstrauten ihr und hielten sie für eine „Feindin des Volkes". Dabei hatte Adelheid überhaupt kein Interesse an der Politik und kümmerte sich lieber um ihre Nichten und Neffen.

Königin wider Willen

Adelheid von Sachsen-Meiningen (1792–1849)

Heute ist sie weitgehend in Vergessenheit geraten, auch wenn an Königin Adelheid noch immer Städte wie das australische Adelaide erinnern (natürlich in der englischen Fassung ihres deutschen Namen). Sieben Jahre lang saß sie neben ihrem königlichen Gemahl Wilhelm IV. auf dem Thron, wurde bei den Untertanen aber nicht sonderlich populär. Adelheid selbst hasste es, im Fokus des öffentlichen Interesses zu stehen und in politische Auseinandersetzungen hineingezogen zu werden. Viel lieber kümmerte sie sich um diejenigen Menschen, die ihr wirklich am Herzen lagen.

Jugend in Meiningen

Natürlich hatten sich Herzog Georg I. von Sachsen-Meiningen (1761–1803) und seine Gemahlin Luise Eleonore (1763–1837) inständig einen Sohn und Thronfolger gewünscht und waren sicherlich enttäuscht, als am 13. August 1792 auf Schloss Elisabethenburg in Meiningen „nur" ein Mädchen geboren wurde. Doch nachdem sie seit ihrer Hochzeit 1782 zehn Jahre lang vergeblich auf Nachwuchs gehofft hatten, konnten sie trotz allem glücklich sein, dass endlich ein gesundes Kind in der Wiege lag: Adelheid. Zwei Jahre später kam mit Ida (1794–1852) eine weitere Tochter zur Welt, bevor sich mit der Geburt von Bernhard im Jahr 1800 doch noch ihr sehnlichster Wunsch nach einem Sohn erfüllte. Endlich hatte das kleine Herzogtum Sachsen-Meiningen, das 1680 aus mehreren Erbteilungen des Hauses Sachsen-Gotha hervorgegangen war, seinen Erbprinzen bekommen.

Adelheid und ihre Geschwister wuchsen auf Schloss Elisabethenburg in Meiningen auf, aber die Sommermonate verbrachte die herzogliche Familie meist auf Schloss Altenstein (Bad Liebenstein), das von einem weitläufigen Parkgelände umgeben war. Hier spielten die Kinder in einem eigens für sie angelegten „Prinzessinnengärtchen", wurden aber auch dazu angeregt, sich selbst gärtnerisch zu betätigen. Müßiggang wurde von den herzoglichen Eltern nämlich zutiefst missbilligt. Adelheid bevorzugte allerdings die für Mädchen üblichen Handarbeiten und hat ein Leben lang leidenschaftlich gern gestickt und gestrickt.

Der plötzliche Tod des Vaters 1803 setzte dem behaglichen Leben ein Ende. Nun musste sich Mutter Luise Eleonore, eine geborene Prinzessin zu Hohenlohe-Langenburg, nicht nur allein um ihre drei unmündigen Kinder kümmern, sondern auch die Geschicke des kleinen Herzogtums lenken, bis Erbprinz Bernhard 1821 volljährig wurde. Es war eine unruhige Zeit. Als sich Napoleon anschickte, den europäischen Kontinent zu unterwerfen, schien es Luise Eleonore und ihren Beratern angebracht, dass sich auch Sachsen-Meinigen dem 1806 gegründeten Rheinbund anschloss. Das war freilich mit erheblichen finanziellen Einbußen verbunden, denn der Kaiser der Franzosen verlangte nicht nur die Stellung von Soldaten, er presste das kleine Herzogtum auch mit hohen Steuern und Abgaben aus.

Doch die herzoglichen Kinder sollten nicht mehr als nötig unter den finanziellen Engpässen leiden. Der klugen Luise Eleonore lag eine gute Bildung sehr am Herzen, und die sollte selbstverständlich auch ihren Töchtern zugutekommen. Dazu gehörten Fremdsprachen wie Französisch und Italienisch, eine gründliche Unterweisung im lutherisch-evangelischen Glauben, Geschichte, Musik und vor allem die deutsche Literatur. Schließlich hatte der verwandte Weimarer „Musenhof" berühmten Poeten wie Goethe und Schiller ein Forum geboten, die nun endlich auch die deutsche Dichtung salon- und gesellschaftsfähig machten. Ansonsten aber verlief das Leben in Meiningen wenig abwechslungsreich. Für größere Reisen fehlte das Geld, und so begnügte man sich mit dem jährlichen Aufenthalt auf dem Sommersitz Altenstein oder machte kleinere Ausflüge in die nähere Umgebung.

Erst 1815 nach dem Sieg über Napoleon und der Gründung des Deutschen Bundes waren die schlimmsten Jahre überstanden; Sachsen-Meiningen wurde wieder ein selbstständiges Herzogtum und blieb es bis 1918.

Inzwischen war Adelheid 23 Jahre alt und nach den Maßstäben der Zeit schon fast über das heiratsfähige Alter hinaus. Vielleicht lag es daran, dass man sie nicht gerade als Schönheit bezeichnen konnte? Auf jeden Fall war es ihre zwei Jahre jüngere Schwester Ida, die als erste eine Ehe einging und 1816 mit Prinz Karl Bernhard von Sachsen-Weimar-Eisenach vor den Traualtar trat, dem zweiten Sohn des nunmehrigen Großherzogs Karl August, Freund und Förderer Goethes. Adelheid schien sich bereits damit abgefunden zu haben, dass sie ihr Leben ohne Ehemann an der Seite meistern musste. Es machte ihr offenbar wenig aus. Die Prinzessin fing an, sich karitativ zu betätigen und sich um die Bedürftigen ihres Heimatortes zu kümmern – eine sinnvolle Beschäftigung, die sie mit großer Freude anging.

Ein wenig erfreulicher Heiratsantrag

Doch dann traf im März 1818 ein Brief aus London auf Schloss Elisabethenburg ein, ein Brief, der zur großen Verwunderung von Adelheid und ihrer Mutter einen unerwarteten Heiratsantrag des englischen Prinzen Wilhelm enthielt, des 1765 geborenen Sohns Georg III. Es lässt sich unschwer nachvollziehen, dass Adelheid auf dieses Schreiben eher schockiert als beglückt reagierte, selbst wenn es sich um den englischen Königssohn handelte. Zum einen war der Bewerber bereits 53 Jahre alt und hätte vom Alter her gut und gerne ihr Vater sein können. Zum anderen hatte man selbst im entfernten Meiningen die unschönen Geschichten über die englischen Prinzen gehört, die damals an allen europäischen Höfen kursierten.

Wie die meisten seiner Brüder war auch Wilhelm bislang unverheiratet gewesen und hatte folglich keine legitimen Nachkommen. Seit 1790 hatte der Prinz aber mit der irischen Schauspielerin Dorothea Jordan (1761–1816) zusammengelebt, und aus dieser Liaison waren zehn gemeinsame Kinder hervorgegangen, die natürlich keinen Anspruch auf den englischen Thron hatten. (Weil Wilhelm den Titel Herzog von Clarence trug, erhielten seine Sprösslinge den Nachnamen FitzClarence. Wilhelms 1801 geborene Tochter Elizabeth ist übrigens die Ur-Ur-Ur-Urgroßmutter des englischen Premierministers David Cameron.)

Doch inzwischen war Dorothea tot, und da auch die Thronfolgerin Charlotte, Tochter des nachmaligen Königs Georg IV., 1817 bei der Geburt ihres ersten Kindes gestorben war, sahen sich die nachgeborenen Söhne Georgs III. gezwungen, standesgemäße Ehefrauen zu suchen und mit ihnen ebensolchen Nachwuchs zu zeugen. Momentan stand Wilhelm hinter seinem Bruder Friedrich (der 1827 starb) in der Thronfolge an zweiter Stelle, denn de facto saß sein ältester Bruder Georg zu diesem Zeitpunkt bereits auf dem Thron, da der königliche Vater aufgrund seiner schweren Erkrankung seit 1811 regierungsunfähig war.

Konnte man einen solchen Heiratsantrag ablehnen, selbst wenn alles gegen den englischen Bewerber sprach? In Meiningen beantwortete man diese Frage mit einem klaren „Nein" und stimmte der Ehe Adelheids mit dem englischen Prinzen unverzüglich zu. Vor allem Mutter Luise Eleonore war mächtig stolz, dass ihre älteste Tochter, das „Mauerblümchen" Adelheid, in Kürze den Herzog von Clarence heiraten sollte, selbst wenn es äußerst schwierig war, die erforderliche Mitgift für die Prinzessin aufzubringen.

Hochzeit mit „Silly Billi"

Jetzt galt es keine Zeit mehr zu verlieren. Den Termin für die Hochzeitsfeierlichkeiten hatte man bereits auf den 11. Juli 1818 festgelegt. Sie sollten in der Sommerresidenz von Königin Charlotte in Kew stattfinden, denn sie war es auch gewesen, die Adelheid als Braut für Wilhelm ins Gespräch gebracht hatte (s. S. 72). Es war das letzte große Fest, das die Königin feiern durfte, denn nur wenige Monate später starb Charlotte im Alter von 76 Jahren.

Am 20. Juni 1818 machte sich Adelheid gemeinsam mit ihrer Mutter auf die lange Reise nach London. In Calais wartete schon die königliche Yacht, die sie über den Ärmelkanal bringen sollte. Und doch war die Enttäuschung bei Mutter und Tochter groß, als sich bei ihrer Ankunft in Dover zwar eine große Menschenmenge versammelt hatte, jedoch kein einziges Mitglied der Königsfamilie zum Empfang bereitstand. Auch das Zusammentreffen von Braut und Bräutigam in London verlief keineswegs besser. Beide fanden sich nicht sonderlich anziehend, was zumindest von Seiten Adelheids auch kein Wunder war.

Schon am Tag nach der Trauungszeremonie musste sich Adelheid von ihrer Mutter verabschieden, denn Luise Eleonore reiste wieder zurück nach Meiningen, wo die Regierungsgeschäfte auf sie warteten. Damit begann für die Prinzessin ein völlig neuer Lebensabschnitt, und sie hatte wohl keinen Anlass, besonders hoffnungsvoll in die Zukunft zu blicken.

Schon bald stellte Adelheid fest, dass sie und ihr Ehemann kaum Gemeinsamkeiten hatten, denn es war nicht nur der Altersunterschied, der die beiden trennte. Während die Meiningerin eine gute Ausbildung genossen hatte und gemeinhin als gebildet und klug eingeschätzt wurde, konnte man von Wilhelm Ähnliches leider nicht behaupten. Der Prinz, der eine militärische Laufbahn bei der Royal Navy eingeschlagen hatte, galt in seiner Umgebung eher als geistig minderbemittelt. Aufgrund seiner Affinität zur See hatte man ihm den Spitznamen „Sailor Billi“ verpasst, woraus der Volksmund aus gutem Grund ein wenig freundliches „Silly Billi“ machte. Wilhelm galt tatsächlich als dumm oder zumindest reichlich ungebildet. Er verfügte nur über einen geringen Wortschatz, und wenn er einmal eine öffentliche Rede halten musste, dann kam das meist einer Katastrophe gleich. Leider konnte er die mangelnde Geistesgröße auch nicht durch Charme oder Freundlichkeit ausgleichen, im Gegenteil. Die cholerischen Ausfälle des Prinzen waren von seiner Umgebung gefürchtet, und möglicherweise litt auch Wilhelm an Porphyrie, der gleichen Krankheit wie sein Vater (s. S. 69). Es hat jedoch den Anschein, als habe Adelheid mit ihrer ruhigen und besonnenen Art einen ausgleichenden Einfluss auf den so anders gearteten Gemahl ausüben können. Überhaupt scheinen sich die beiden mit ihrer ungewollten Ehe doch recht gut arrangiert zu haben, denn auch künftig gingen sie durchaus respekt- und verständnisvoll miteinander um.

Trauer um die früh verstorbenen Kinder

Kurz nach der Hochzeit brach das Paar zu einer längeren Reise auf dem Kontinent auf und machte für mehrere Monate Station in Hannover, der Residenz des Kurfürstentums. Tatsächlich dauerte es nicht lange, bis Adelheid schwanger wurde. Doch das Kind, ein Mädchen, kam viel zu früh zur Welt und starb noch am Tag seiner Geburt, am 27. März 1819. Es wurde in aller Stille in der Gruft des Alten Leineschlosses Hannover beigesetzt. Hätte dieses Kind überlebt, dann wäre es vermutlich Englands künftige Königin geworden, und seine Geburt hätte die Position von Wilhelm und Adelheid erheblich aufgewertet. Doch so mussten sich die beiden in ihr Schicksal fügen.

Adelheid, die ohnehin nie über eine besonders robuste Gesundheit verfügt hatte, erholte sich nur langsam, sowohl körperlich als auch seelisch, denn sie trauerte sehr um ihre verstorbene Tochter. Erst eine Reise in die alte Heimat half ihr, wieder neuen Lebensmut zu fassen. Die Sommermonate auf Schloss Altenstein und das Zusammensein mit Mutter und Geschwistern trugen sicherlich dazu bei, dass sie sich allmählich wieder besser fühlte. Schon bald konnte Adelheid feststellen, dass sie wieder schwanger war, aber erneut wurden alle Hoffnungen durch eine Fehlgeburt zunichte gemacht.

Im September 1819 trafen Adelheid und Wilhelm wieder in London ein. Hier war mittlerweile die neue Thronfolgerin zur Welt gekommen, auch wenn man das zu diesem Zeitpunkt noch nicht wissen konnte: Am 24. Mai 1819 hatte Prinzessin Victoria das Licht der Welt erblickt, die Tochter von Eduard und seiner Gemahlin Victoire, die am gleichen Tag wie Wilhelm und Adelheid geheiratet hatten. Doch Adelheid war keineswegs eifersüchtig, im Gegenteil. Sie liebte die kleine Victoria wie ein eigenes Kind und kümmerte sich rührend um das Mädchen, vor allem nach dem unverhofften

Tod Eduards, der bereits 1820 starb – im gleichen Jahr, in dem der Tod auch den greisen Georg III. erlöste.

Adelheid aber war erneut guter Hoffnung. Nach ihrer zweiten Fehlgeburt brachte sie am 10. Dezember 1820 wieder eine Tochter zur Welt, die auf den programmatischen Namen Elisabeth getauft wurde, nach der berühmten „jungfräulicher Königin", die im 16. Jahrhundert als erste englische Monarchin diesen Namen getragen hatte. Vier Monate lang schien sich die Kleine bestens zu entwickeln, obwohl auch sie mehrere Wochen zu früh geboren wurde. Dann aber starb auch dieses Baby zur großen Bestürzung der Eltern am 5. März 1821 offenbar an einer Darmerkrankung. Der kleine Körper wurde neben den Särgen der 1817 verstorbenen Charlotte und deren Kind in der Gruft von Schloss Windsor beigesetzt.

Wieder war Adelheid untröstlich und musste sich fragen, warum ihr Gott ein solches Schicksal zugedacht hatte. Sie suchte Trost im Gebet und vertraute ihrem Tagebuch an: „Wer in seiner inneren Welt etwas Besseres findet, als ihm die äußere anzubieten mag, der hat gewissermaßen den Torheiten des menschlichen Tuns und Treibens unter der Sonne schon aufgesagt." Wie auch immer sie das gemeint haben mag – Adelheid konnte sich nicht aus der Welt, in der sie lebte, zurückziehen. Ihr größter Wunsch nach einem eigenen Kind hat sich aber nicht mehr erfüllt. Warum Adelheids Schwangerschaften so unglücklich endeten, ist nicht bekannt. Möglicherweise lag die Ursache in einer Unverträglichkeit der Blutgruppen des Königspaares, der Verschiedenheit des Rhesusfaktors – doch das bleibt reine Spekulation.

Königin Adelheid

Trotzdem war Adelheid oft und gern von Kindern umgeben. Sie nahm Eduard, den 1823 geborenen Sohn ihrer Schwester Ida, bei sich auf und verbrachte so viel Zeit wie möglich mit der kleinen Nichte Victoria, die zur eigenen Mutter ein eher problematisches Verhältnis hatte. Aber auch die Kinder und Enkelkinder aus Wilhelms eheähnlicher Beziehung zu Dorothea Jordan waren ihr jederzeit herzlich willkommen. Adelheid spielte voller Begeisterung mit ihren Schützlingen, organisierte Kindergeburtstage für die Kleinen, festliche Bälle für die Heranwachsenden und war glücklich, wenn sich am 24. Dezember die ganze Familie um den Weihnachtsbaum versammelte – eine deutsche Sitte, die möglicherweise von Adelheid selbst am englischen Königshof eingeführt worden war.

Sooft als möglich zogen sich Adelheid und Wilhelm nach *Bushy Park* im Südwesten von London zurück, wo sie weitgehend frei vom höfischen Protokoll ein ruhiges Leben führten. Dann aber starb am 5. Januar 1827 überraschend Prinz Friedrich, der zweite Sohn Georgs III., sodass der 62-jährige Wilhelm neuer Thronfolger wurde. Mit den daraus entstandenen repräsentativen Verpflichtungen war auch ein Umzug ins Zentrum Londons verbunden. Ein Jahr später bezogen Adelheid und Wilhelm das neu erbaute *Clarence House*, ein vierstöckiges, mit weißem Stuck verkleidetes Gebäude ganz in der Nachbarschaft des *St. James Palace*.

Adelheid ahnte, dass die vergleichsweise ruhigen Jahre nun bald ein Ende haben würden. Der seit 1821 verwitwete Georg IV. war nämlich von den Folgen seines ausschweifenden Lebens gezeichnet. Das üppige Essen und der reichliche Alkoholgenuss hatten ihre unausweichlichen Spuren hinterlassen: Die Gicht plagte den König schon seit Jahren und bereitete ihm heftige Schmerzen. Wegen seines enormen Übergewichts war er mittlerweile kaum noch in der Lage, sich längere Zeit auf den Beinen zu halten. Georg IV. starb am 26. Juni 1830 auf Schloss Windsor im Alter von 67 Jahren. Jetzt musste sein jüngerer Bruder als Wilhelm IV. den englischen Thron besteigen. Als man Adelheid die Nachricht überbrachte, dass sie nun Königin sei, soll sie in Tränen ausgebrochen sein.

Bei den Engländern hielt sich die Trauer um den verstorbenen König in Grenzen. Der wenig volksnahe und verschwenderische Georg IV. war bei den Untertanen äußerst unbeliebt gewesen. Wilhelm IV. konnte es eigentlich nur besser machen. Schon bei der Krönung am 8. September 1831 setzte das Königspaar neue Akzente. Georg IV. hatte seinerzeit keine Kosten und Mühen gescheut, das feierliche Ereignis so glamourös wie möglich zu gestalten. Mit 243 000 Pfund überstiegen die Gesamtkosten den

Betrag, der bei der Krönung Georgs III. fällig geworden war, um das 24-Fache! Wilhelm IV. hingegen folgte nun wieder dem Beispiel seines Vaters und begnügte sich mit einer wesentlich bescheideneren Zeremonie, bei der aber dennoch genügend Prunk entfaltet wurde, und die mit 43 000 Pfund zu Buche schlug.

Um die Kosten der Krönung nach Möglichkeit einzudämmen, hatte Adelheid für ihre Krone eigene Juwelen zur Verfügung gestellt. Auch ihre Garderobe sollte nicht allzu kostspielig sein und wurde zudem ausschließlich aus einheimischen Materialien hergestellt, um die englische Textilindustrie zu fördern – ein deutliches Signal an die einheimische Arbeiterschaft.

Eine große Menschenmenge hatte sich vor der *Westminster Abbey* versammelt und das neue Königspaar mit Jubel empfangen. Adelheids Hofdame Frau von Bülow schrieb am Abend in ihr Tagebuch: „Ich war glücklich, sie allgemein bewundert zu sehen … Obwohl sie nicht wirklich so gut aussehend ist, erschien sie aber so an diesem Tag. Es war die Schönheit ihrer Seele, die auch nach außen zu strahlen schien und sich über ihre ganze Person ergoss. Ihr Benehmen war voller Würde, Gelassenheit und der ihr eigenen Grazie; sie schien tief bewegt.“

Im Fadenkreuz der Politik

Nach der Krönung zog wieder Bescheidenheit in den Palast ein. Große Feierlichkeiten waren die Ausnahme, sodass der englische Hof schon bald den Ruf hatte, ziemlich langweilig zu sein. Nach dem abendlichen Dinner wurde meist noch ein wenig geplaudert, man spielte Karten, lauschte der Musik des Streichorchesters, und Königin Adelheid war fast immer mit einer Handarbeit beschäftigt, so, wie sie es von Kindheit an gewohnt war.

Aus der Politik hielt sich Adelheid heraus. „Hier wird gewaltig an der Reform gearbeitet“, schrieb sie 1831 an ihren Bruder Bernhard nach Meiningen, „möge sie zum wahren Besten des Landes ausfallen“. Nach dem Wahlsieg der fortschrittlichen *Whigs* im gleichen Jahr hatte man mit der Neuverteilung der Wahlkreise begonnen. Letztere stammten nämlich noch meist aus dem Mittelalter und mussten nun der veränderten Bevölkerungsentwicklung im Zeitalter der Industrialisierung angepasst werden. Doch davon abgesehen hatte Wilhelm IV. in Regierungsfragen nicht immer ein glückliches Händchen. So versuchte er 1834 selbstherrlich, eine Regierung gegen den Willen der Unterhausmehrheit der *Whigs* zu etablieren, ein unglücklicher Versuch, der nur ein Jahr später zum Scheitern verurteilt war. Aus welchen Gründen auch immer – die englische Presse begann damals eine Hetzkampagne gegen Adelheid und mutmaßte, sie sei es gewesen, die den König zu seiner fatalen Entscheidung ermutigt hätte. Man beschimpfte sie als intrigant und rückständig, die *Times* behauptete, Adelheid sei hässlich, reaktionär und eine „Feindin des Volkes". Letzteres war natürlich nicht der Fall, doch Adelheid, deren Vater das Herzogtum Sachsen-Meiningen seinerzeit ganz im Sinne des aufgeklärten Absolutismus beherrscht hatte, blieb die englische Regierungsform der konstitutionellen Monarchie völlig fremd, und sie verharrte – wie viele deutsche Fürsten damals – im Glauben an das Gottesgnadentum des Königs.

Weil sie sich selbst aber keiner Schuld bewusst war, nahm sich Adelheid die Beschimpfungen der Presse so zu Herzen, dass sie wieder anfing zu kränkeln. Ohnehin war der Gesundheitszustand der 42-Jährigen schon seit geraumer Zeit nicht besonders gut. Der ständige Husten, unter dem sie litt, deutet möglicherweise auf eine Tuberkuloseerkrankung hin. Wilhelm IV. sah ein, dass es nur eine Möglichkeit gab, Adelheids Befinden zu verbessern: Sie brauchte dringend Abstand von den unerfreulichen Umständen in London und sollte nun daheim bei ihrer Mutter in Meiningen wieder zu Kräften kommen. Adelheid war überaus glücklich, dass sie zurück „nach Hause" fahren konnte. Der Aufenthalt in der Heimat, ein letztes Wiedersehen mit ihrer Mutter, die 1837 starb, das Zusammentreffen mit Bruder Bernhard und seiner Familie, all das gab ihr tatsächlich neue Kraft. Nach ihrer Rückkehr schrieb sie etwas wehmütig: „Ich verbrachte eine sehr glückliche Zeit bei meinen lieben Verwandten, aber es erscheint mir jetzt wie ein Traum, denn alles verging so schnell." Adelheid war nun wieder im Alltag angekommen und musste sich wohl oder übel damit abfinden, dass sie sich bei den englischen Untertanen noch immer am unteren Ende der Beliebtheitsskala befand.

Tod Wilhelms IV.

Hatte sich zunächst Wilhelm IV. berechtigte Sorgen um seine Gemahlin gemacht, so war es nun umgekehrt. Der Gesundheitszustand des inzwischen 72-jährigen Königs gab Anlass zu größter Besorgnis. Nachdem er im Mai 1837 während eines Dinners zusammengebrochen war, war er bettlägerig. Doch er schien sich allmählich zu erholen. Am 31. Mai schrieb Adelheid jedenfalls ihrem Bruder Bernhard: „Vom König kann ich Dir Gott sei Dank viel bessere Nachrichten geben. Er erholt sich täglich, doch ich kann nicht alle Sorgen um ihn lassen, solange er nicht vollständig wiederhergestellt ist. Ich habe recht angstvolle trübe Tage erlebt, die mir ewig lang vorkommen. Ich bin den ganzen Tag mit seiner Pflege beschäftigt und habe auch des Nachts nicht viel Ruhe, was nicht die beste Nachtkur für mich ist."

Doch mochte sich Adelheid auch rührend um Wilhelm kümmern und Tag und Nacht nicht von der Seite des Kranken weichen, so war ihre Fürsorge doch vergeblich. König Wilhelm IV. starb am 20. Juni 1837 und fand in der *St. George's Chapel* auf Schloss Windsor seine letzte Ruhestätte.

Nach den Beisetzungsfeierlichkeiten zog sich Adelheid zunächst in ihr geliebtes *Bushy Park* zurück, wo sie sich langsam von den Aufregungen der letzten Wochen erholte. Auch wenn sie auf ihre Weise um den verstorbenen König trauerte, so war doch eine große Last von ihr abgefallen. Nach fast 20 Jahren in England war sie nun endlich wieder ein freier Mensch. Sieben Jahre lang hatte sie ihre Pflichten als Königin nach bestem Wissen und Gewissen erfüllt, jetzt konnte sie endlich das tun, wovon sie immer geträumt hatte. Dank einer großzügigen Witwenrente von 100 000 Pfund jährlich musste sie sich auch keinerlei Beschränkungen auferlegen.

1838 brach Adelheid zu einer ausgedehnten Reise durch das Mittelmeer auf und verbrachte drei Monate auf Malta, das seit 1814 ein Teil des britischen Weltreichs war. Das milde Klima tat ihrer angegriffenen Gesundheit ausgesprochen gut. Da es auf der ganzen Insel kein anglikanisches Gotteshaus gab, veranlasste Adelheid aus ihren eigenen Mitteln in der Hauptstadt La Valletta die Gründung der Kirche St. Paul. Schon 1844 konnte der Bau im klassizistischen Stil mit einem über 60 Meter hohen Turm geweiht werden.

Letzte Lebensjahre

Zurück in London setzte Adelheid ihr ruhiges Leben in *Bushy Park* fort und pflegte ihre Freundschaft zur jungen Königin Victoria, die inzwischen mit Albert von Sachsen-Coburg-Gotha verheiratet war. Besonders glücklich war Adelheid über Besuch aus der Heimat. 1842 machte ihr Bruder Bernhard mit seiner Gemahlin Marie von Hessen-Kassel (1804–1888) und dem 1826 geborenen Erbprinzen Georg einen Abstecher über den Ärmelkanal. Der Besuch galt nicht nur der verwitweten Königin, Bernhard wollte sich auch vor Ort über die neuesten politischen Entwicklungen des Inselreichs informieren. Adelheid reiste wenig später ebenfalls noch einmal in die Heimat und verbrachte zwei höchst angenehme Sommermonate auf Schloss Altenstein. Mehrmals betonte sie gegenüber ihrem Bruder, dass diese Aufenthalte in der Heimat die glücklichsten Zeiten ihres Witwendaseins seien. 1844 weilte Adelheid ein letztes Mal in Meiningen, bevor sie sich 1847 für längere Zeit auf Madeira niederließ, wahrscheinlich um ihr Lungenleiden zu kurieren, das sich immer stärker bemerkbar machte. Über ihren Aufenthalt in Funchal, wo sie zurückgezogen in der herrschaftlichen Villa Quinta lebte, ist leider nichts Näheres bekannt. Die Hoffnung auf Genesung erfüllte sich allerdings nicht. Als Adelheid spürte, dass ihr nicht mehr viel Zeit bleiben würde, entschloss sie sich vermutlich im Frühjahr 1849, nach England zurückzukehren und die wahrscheinlich letzten Monate ihres Lebens im Bentley Kloster Stanmore / Middlesex zu verbringen.

Gequält von starken Hustenanfällen und schlaflosen Nächten nahmen Adelheids Kräfte zusehends ab. Aber auch diesmal konnte sie sich wieder auf den Zusammenhalt der Familie und die Unterstützung ihrer Geschwister verlassen. Als er vom lebensbedrohlichen Zustand seiner Schwester erfuhr, brach Herzog Bernhard II. in Begleitung seiner Frau, seines Sohnes Georg und der 1843 geborenen Tochter Auguste unverzüglich nach England auf. Auch Ida kam im September 1849 selbstverständlich aus Weimar ins Bentley Kloster, um gemeinsam mit zweien ihrer Töchter die Pflege der Sterbenden zu übernehmen. Selbst Königin Victoria und ihr Gemahl Albert ließen es sich nicht nehmen, Adelheid in ihrer letzten Stunde beizustehen. Die verwitwete Königin starb am Morgen des 2. Dezember 1849 und wurde wenige Tage später neben Wilhelm IV. in der *St. George's Chapel* von Windsor beigesetzt.

Victoria teilte den Tod der Königin-Witwe unverzüglich ihrem Onkel Leopold mit, seit 1831 König der Belgier, und schrieb in dankbarer Erinnerung: „Wir haben den freundlichsten und liebsten unserer Freunde verloren, und das allgemeine Gefühl des Schmerzes, des Bedauerns und der wirklichen Wertschätzung ihres Charakters ist sehr berührend und wohltuend. Alle Parteien, alle Klassen verbinden sich, um ihr Gerechtigkeit widerfahren zu lassen. Viel hat Mama gegen sie ins Werk gesetzt, aber die geliebte Königin verzieh ihr alles. Sie offenbarte stets Liebe und Mitgefühl, und während der letzten Jahre war ihre Freundlichkeit groß wie nur immer." Ein vielleicht versöhnlicher Ausklang eines keineswegs glücklichen Lebens.

Fast alle ihre männlichen Vorgänger hatten sich durch Skandale oder außereheliche Beziehungen beim englischen Volk äußerst unbeliebt gemacht. Victoria (1819–1901) hingegen, die mit nur 18 Jahren den Thron bestieg, führte mit dem früh verstorbenen Albert von Sachsen-Coburg eine glückliche Ehe. In ihrer über 60-jährigen Regierungszeit wurde die Königin zur wahren „Mutter der Nation". Doch es gab auch Schattenseiten im Leben Victorias; vor allem das Verhältnis zu ihrem ältesten Sohn und Thronfolger „Bertie" war von Anfang an schwer belastet.

Von der jugendlichen Königin zur schwarzen Witwe auf dem englischen Thron

Victoria (1819–1901)

Zum ersten Mal seit über 230 Jahren bestieg 1837 wieder eine Frau den englischen Thron. Kurz nach ihrem 18. Geburtstag wurde die junge Victoria von Kent Königin von England und blieb es fast 64 Jahre lang. In dieser Epoche, die man später das „Viktorianische Zeitalter" nannte, erreichte das britische Weltreich den Zenit seiner Macht. Und doch lag über Victorias Leben ein dunkler Schatten: Bis zu ihrem Tod trauerte sie um den geliebten, viel zu früh verstorbenen Prinzgemahl Albert, und auch die Hoffnungen, die sie in ihre Kinder und Enkel gesetzt hatte, blieben weitgehend unerfüllt.

Kindheit im *Kensington Palace*

Nach dem tragischen Tod der englischen Thronfolgerin Charlotte, die 1817 bei der Geburt ihres ersten Kindes gestorben war, sah sich nunmehr auch Eduard, Herzog von Kent (1767–1820), der vierte Sohn Georgs III., gezwungen, endlich eine standesgemäße Gemahlin zu heiraten. Da traf es sich gut, dass Victoire, die 1786 geborene Schwester des verwitweten Leopold von Sachsen-Coburg-Gotha (1790–1865), nach dem Tod ihres Ehemanns Karl Fürst von Leiningen 1814 dem fürstlichen Heiratsmarkt erneut zur Verfügung stand.

Schweren Herzens trennte sich Eduard von seiner langjährigen Geliebten, einer attraktiven französischen Baronin, und trat im Juli 1818 mit der 32-jährigen Victoire vor den Traualtar. Tatsächlich kam nur zehn Monate später, am 24. Mai 1819, ein kleines Mädchen auf die Welt, das später als Queen Victoria in die Geschichte einging. Das freilich konnte zu diesem Zeitpunkt noch niemand ahnen, denn noch sah es so aus, als würden wohl Eduards älterer Bruder Wilhelm und dessen Gemahlin Adelheid die Eltern des künftigen Thronfolgers werden.

Die kleine Familie von Kent, zu der auch Victoires 1807 geborene Tochter Feodora* aus erster Ehe gehörte, bezog ein geräumiges Appartement im *Kensington Palace*, der damals noch am recht ländlichen Londoner Stadtrand lag. Leider war es Eduard nicht lange vergönnt, seine kleine Tochter aufwachsen zu sehen. Der Herzog von Kent starb bereits 1820 im Alter von 52 Jahren, vermutlich an den Folgen einer Lungenentzündung.

Die so plötzlich verwitwete Victoire trauerte nicht lange um den Verschiedenen, sondern tröstete sich schon bald mit dessen Kammerdiener John Conroy, der nicht nur ihr neuer Ratgeber in allen Lebenslagen, sondern vermutlich auch ihr Liebhaber wurde. Für die kleine Victoria aber hatte die Liaison ihrer Mutter fatale Folgen, denn Victoire und Conroy verfolgten zusammen höchst ehrgeizige Pläne; inzwischen war nämlich klar geworden, dass Adelheid keine Kinder mehr zu Welt bringen würde. In der stillen Hoffnung, dass nach dem Tod Georgs IV. 1830 auch bald dessen kinderlos gebliebener Bruder Wilhelm IV. das Zeitliche segnen würde, bereiteten sich die beiden heimlich darauf vor, in absehbarer Zeit die Regentschaft für die unmündige Victoria zu übernehmen. Deshalb versuchten sie, die Prinzessin so gut wie möglich von allen äußeren Einflüssen abzuschirmen. Angeblich, so hieß es, müsse man sie wie einen Augapfel hüten und aufpassen, dass sie nicht von einem möglichen Nebenbuhler aus dem Weg geräumt werde. Im Fokus des Verdachts – so hieß es zumindest im *Kensington Palace* – stehe Ernst August, der vier Jahre jüngere Bruder des verstorbenen Eduard. Dieser Prinz, so erklärte man der jungen Victoria, wolle allem Anschein nach sich selbst und seinem 1819 geborenen Sohn Georg die Krone sichern …

---

* Feodora (1807–1872) war die Großmutter der letzten deutschen Kaiserin Auguste Viktoria.

Victoria hatte ein straffes Ausbildungsprogramm zu absolvieren, das pro Woche rund 30 Stunden in Anspruch nahm. Ausgewählte Hauslehrer unterwiesen sie in den Fächern Deutsch, Französisch und Latein, dazu kamen englische Literatur und Geschichte. Am liebsten aber waren Victoria die Mal- und Zeichenstunden, in denen sie ein erstaunliches künstlerisches Talent offenbarte, von dem noch heute zahlreiche ihrer Skizzen und Aquarelle zeugen.

Ein Lichtblick in der Kindheit der Prinzessin war die herzliche Beziehung zu ihrer Halbschwester Feodora, die freilich zwölf Jahre älter war als sie selbst und somit schon fast eine Mutterrolle einnahm. Abwechslung brachten auch die seltenen Besuche von „Onkel König" und Tante Adelheid, die der jungen Nichte äußerst zugetan waren. Gleiches galt für Onkel Leopold, der noch bis 1831 in England lebte, bevor er schließlich König der Belgier wurde. Der wohl wichtigste Mensch in Victorias Leben aber war ihre Kinderfrau, Baronin Louise Lehzen, über die die Königin später (in der dritten Person) in liebevoller Erinnerung schrieb: „Sie wusste, wie man mit der Prinzessin zu spielen und sie zu amüsieren hatte, um ihre wärmste Zuneigung zu gewinnen. Die Prinzessin war ihr Ein und Alles, beherrschte ihr Denken vollständig."

Doch auch wenn Victoria ohne elterliche Nestwärme auskommen musste und zu ihrer strengen Mutter und deren Lebensgefährten ein äußerst schlechtes Verhältnis hatte, so wuchs sie doch zu einer starken und selbstbewussten jungen Frau heran, die sich ihrer künftigen Aufgabe bestens gewachsen fühlte: „Ich sehe dem Ereignis, das wahrscheinlich bald eintreten wird, mit Ruhe und Gelassenheit entgegen", schrieb sie nach dem gesundheitlichen Zusammenbruch Wilhelms IV. im Mai 1837. Und so war sie auch nicht übermäßig schockiert, als man sie am Morgen des 20. Juni 1837, vier Wochen nach ihrem 18. Geburtstag, mit der Nachricht weckte, dass sie nunmehr Königin von England sei. Zwar trauerte sie ehrlich um „Onkel König", doch viel wichtiger war: Endlich konnte sie sich von der ständigen Bevormundung durch ihre Mutter und den verhassten Conroy befreien. Victoria verließ den *Kensington Palace* und zog zunächst nach Windsor, bevor der *Buckingham Palace* die neue Residenz der englischen Königin wurde.

Traumprinz in Sicht: Albert von Sachsen-Coburg-Gotha

Der Regierungsbeginn der jugendlichen Königin verlief zwar ein wenig holprig, doch das war auch nicht anders zu erwarten gewesen. Fest steht jedenfalls, dass Victoria ihr neues Amt sichtlich genoss, zumal sie sich gerade in der Anfangszeit bei allen wichtigen Fragen voll und ganz auf Premierminister Lord Melbourne (1779–1848) verlassen konnte, einen väterlichen Freund und Mentor, dem sie ihr vollstes Vertrauen schenkte.

Um die Angelegenheiten in Hannover musste sie sich übrigens nicht mehr kümmern: Mit Victorias Thronbesteigung endete die 123-jährige Personalunion, weil das ehemalige deutsche Kurfürstentum, das 1814 zum Königreich erhoben worden war, keine weiblichen Herrscher anerkannte. Daher wurde nun der 1771 geborene Ernst August als ältester der noch lebenden Söhne Georgs III. noch im gleichen Jahr der neue König von Hannover.

Am 28. Juni 1838 fand in *Westminster Abbey* die offizielle Krönungsfeier statt, die mit Kosten in Höhe von 200 000 Pfund wieder wesentlich üppiger ausfiel als die des sparsamen Wilhelm IV. Bei aller verständlichen Nervosität vor dem großen Auftritt in Seidenrobe und Hermelinumhang empfand Victoria eine tiefe Befriedigung. Am Abend schrieb sie in ihr Tagebuch, dass „Millionen loyaler Untertanen“ die Prozession durch die Londoner Straßen verfolgt hätten: „Ihre gute Stimmung und ihre ausgeprägte Loyalität waren überwältigend und ich kann gar nicht sagen, wie stolz ich bin, die Königin einer solchen Nation zu sein.“

Eines war freilich nicht zu übersehen: Der umjubelten Monarchin fehlte dringend ein männliches Pendant. Victorias Berater, allen voran Lord Melbourne, drängten die junge Königin zu einer baldigen Heirat. Auch sie selbst hatte nicht allzu viel dagegen einzuwenden, vorausgesetzt, der Betreffende entsprach ganz ihrem Geschmack. Als lebenslustige junge Frau, die überwiegend von älteren Herrschaften umgeben war, vermisste sie den Umgang mit Gleichaltrigen, wie sie am 10. Juni 1839 ihrem Tagebuch anvertraute: „Wäre ich mit jungen Leuten zusammen, würde ich fühlen, dass ich jung bin, was ich so oft vergesse."

Zum Glück konnte sich Victoria auch in dieser Hinsicht auf die Fürsorge ihres Onkels Leopold verlassen, der seit Eduards Tod so etwas wie ein Ersatzvater für seine Nichte war, wenn auch nicht immer ganz uneigennützig. So hatte er schon zwei Jahre zuvor dafür gesorgt, dass Victoria seine beiden Coburger Neffen Ernst und Albert kennenlernte. Damals aber hatten die zwei jungen Herren bei der Prinzessin noch keinen allzu großen Eindruck hinterlassen, und dass der gleichaltrige Albert bei den abendlichen Festivitäten stets einzuschlafen pflegte, fand die unternehmungslustige Victoria doch ziemlich seltsam. Trotzdem war der Kontakt zu den deutschen Vettern nie ganz abgerissen. Und als die beiden Prinzen im Oktober 1839 erneut über den Ärmelkanal reisten, um ihrer königlichen Cousine einen Besuch abzustatten, sah Victoria den gut aussehenden Albert plötzlich mit ganz anderen Augen: „Albert ist wirklich sehr charmant und über alle Maßen hübsch", schrieb sie in ihr Tagebuch, „solche schönen blauen Augen, eine exzellente Nase mit einem delikaten Schnurrbart, feine, ganz feine Koteletten, eine schöne Figur, breit in den Schultern und mit feiner Taille. Mein Herz rast förmlich." Keine Frage, Victoria hatte ihren Traumprinzen gefunden.

Auch Albert fand offenbar Gefallen an seiner etwas klein geratenen königlichen Cousine, schließlich war er nicht umsonst nach London gekommen, selbst wenn Onkel Leopold ein wenig Druck gemacht hatte. Einen Heiratsantrag aber konnte er der englischen Königin wohl kaum machen, das musste er natürlich ihr selbst überlassen. Doch auch Victoria wollte nicht länger warten. Am 15. Oktober 1839 bat sie Albert um die Unterredung, die ihrem Leben eine entscheidende Wendung geben sollte: „Ich sagte ihm, er sei sich sicher bewusst, warum ich ihn hatte kommen lassen, und dass er mich zu glücklich machen würde, wenn er dem zustimmte, was ich wünschte. Wir umarmten uns immer und immer und immer wieder, und er war so gütig, so liebevoll." Und was für die Zukunft nicht wenig wichtiger war: Albert hatte eine exzellente Ausbildung genossen, ein Studium an der Universität Bonn absolviert, war versiert in juristischen Fragen und würde so der englischen Königin auch als kompetenter Berater hilfreich zur Seite stehen können. Zunächst aber musste er noch einmal zurück nach Coburg, um dort seine Angelegenheiten zu regeln.

Königliche Hochzeit

Am 10. Februar 1840 läuteten in London endlich die Hochzeitsglocken, als Victoria und Albert in der Kapelle des *St. James Palace* vor den Traualtar traten. Damit wurde das seit 1714 regierende Haus Hannover von der neuen Dynastie Sachsen-Coburg-Gotha abgelöst, die man während des Ersten Weltkriegs 1917 in *Windsor* umbenennen sollte.

Die Hochzeitsgäste, unter ihnen auch die verwitwete Königin Adelheid, bewunderten das hübsche Paar: die kleine Braut im weißen Satinkleid mit langer Schleppe, der hoch gewachsene Albert in der Uniform eines Feldmarschalls. Anschließend fuhr man gemeinsam zum *Buckingham Palace*, um den festlichen Tag bei einem opulenten Dinner ausklingen zu lassen. Danach war das frischgebackene Ehepaar endlich allein, und glaubt man Victorias Tagebuchaufzeichnungen, dann hing der Himmel in dieser Nacht tatsächlich voller Geigen.

Doch der Alltag holte die beiden schon bald wieder ein. Albert mochte vielleicht von ausgiebigen Flitterwochen geträumt haben, Victoria aber beschied ihn eines Besseren: „Du vergisst, mein Geliebter, dass ich der Souverän bin, und dass die Geschäfte nicht einfach angehalten werden können." *Business as usual* also. Albert musste allerdings noch eine weitere Enttäuschung einstecken. Heimlich hatte er gehofft, gemeinsam mit Victoria „die Geschäfte" erledigen zu können und so eine sinnvolle Aufgabe zu haben, die seiner hohen Begabung entsprach. Doch die junge Königin verbat sich jede Art von Einmischung und bestand strikt darauf, sämtliche Entscheidungen allein zu treffen, ohne sich zuvor die Meinung ihres Ehemanns anzuhören, dem das Parlament erst 1857 den Titel „Prinzgemahl" zubilligte. Als Deutscher hatte Albert in seiner neuen Heimat ohnehin einen schweren Stand. Der *Punch*, eine beliebte Satirezeitschrift, machte sich jahrelang über ihn lustig, und auch die englische Aristokratie konnte mit dem intellektuellen Coburger nur wenig anfangen. Victoria aber hielt an ihrer starren Haltung nicht sehr lange fest – aus guten Gründen.

Im Kreis der Familie

Am liebsten hätte Victoria noch möglichst lange die traute Zweisamkeit mit ihrem geliebten Albert genossen, doch schon bald nach der Hochzeit musste sie missmutig feststellen, dass sie ein Kind erwartete. Die meisten Frauen wären an ihrer Stelle wohl überglücklich gewesen, doch für Victoria gehörten Schwangerschaften ganz eindeutig zu den Schattenseiten einer Ehe, und in Kindern sah sie eher eine Art unvermeidliches Nebenprodukt. Sie fand alle Babys hässlich, denn sie sahen in ihren Augen aus wie kleine Frösche.

Von dieser Ansicht rückte sie auch nicht ab, als am 21. November 1840 eine kleine Tochter das Licht der Welt erblickte, die zwar nach der Mutter Victoria genannt, aber im Familienkreis nur „Vicky" gerufen wurden. Sie wurde unverzüglich in die Obhut einer engagierten Kinderfrau gegeben, und vielleicht wäre ihre Kindheit ähnlich freudlos verlaufen wie die ihrer eigenen Mutter, wenn sie nicht einen überaus begeisterten Vater gehabt hätte. Albert, noch immer auf der Suche nach einer sinnvollen Beschäftigung, verbrachte viel Zeit mit der kleinen Tochter, die in ihrer Entwicklung ungewöhnlich rasche Fortschritte machte und auch später mit Fleiß und Vergnügen lernte. „Was sie von ihrem Vater lernt", schrieb Victoria, „macht auf sie einen viel tieferen Eindruck als alles andere".

Das gleiche konnte man von Sohn Albert Eduard, der ein Jahr später zur Welt kam, leider nicht behaupten. „Bertie" stand daher ganz im Schatten seiner großen Schwester und begann schon bald, heftige Minderwertigkeitskomplexe zu entwickeln. Doch auch wenn Vater Albert genau wusste, dass Bertie auf intellektuellem Gebiet kein großes Licht war, so wollte er doch eines aus ihm machen, allein schon, um ihn auf seine späteren Aufgaben als englischer König vorzubereiten. Das musste gründlich misslingen. Folglich blieb Berties Verhältnis zu den Eltern, speziell zu seinem Vater, nie frei von Spannungen; später hat Victoria ihren ältesten Sohn eine Zeitlang beinahe gehasst.

Die weiteren Kinder folgten in kurzen Abständen. 1843 wurde Alice geboren, ein Jahr später erblickte Alfred das Licht der Welt, dann kam 1846 mit Helena, genannt „Lenchen", wieder eine Tochter in die königliche Familie. Es folgten Louise (1848), Arthur (1850), Leopold (1853) und schließlich Beatrice (1857). Alle neun Kinder erreichten das Erwachsenenalter, auch wenn zwei von ihnen – Alice und Leopold – frühzeitig starben.*

So steif und ernsthaft Albert manchmal auch auf seine Umgebung wirken mochte – den Kindern stand er viel näher als es ihre Mutter tat. Sieht man von seinem problematischen Verhältnis zu Bertie ab, so war Albert ein liebevoller und nahezu perfekter Vater.

Gemessen an anderen europäischen Herrscherhäusern führte die englische Königsfamilie ein erstaunlich „normales" Leben, vor allem dann, wenn sie den offiziellen Residenzen entfliehen konnte. Auf der Isle of Wight besaß man mit Schloss Osborne so etwas wie ein „Privathaus", in dem man in vergleichsweise ungezwungener Atmosphäre die Ferienwochen verbrachte. Oft saß die Familie abends zusammen im Salon, Albert spielte Klavier, las etwas vor, bisweilen vertrieb man sich auch die Zeit mit dem allseits bekannten Blindekuh-Spiel.

Weihnachten wurde stets auf Schloss Windsor gefeiert, und zwar nach deutscher Sitte mit geschmücktem Tannenbaum und vielen Geschenken, so wie es Victoria von klein auf gewohnt war. Wenn Schnee lag, ging Albert mit den Kindern rodeln, Schlittschuh laufen und baute für sie sogar Schneemänner. Für Victoria war es die glücklichste Zeit ihres Lebens.

---

* Alice, seit 1862 mit Großherzog Ludwig IV. von Hessen-Darmstadt verheiratet, starb 1878 an Diphtherie, und Leopold, das vermutlich erste Mitglied der königlichen Familie, das an der Bluterkrankheit litt, starb 1884 nach einem schweren Sturz.

Später kam als weiterer Feriensitz noch Schloss Balmoral im schottischen Hochland am Fluss Dee hinzu, ein altes Anwesen, das bis 1856 nach Alberts Plänen komplett umgebaut wurde. Noch heute dient das abgelegene Balmoral als Sommersitz der englischen Königsfamilie.

Die Ehe von Victoria und Albert scheint auch noch nach zehn Jahren so glücklich gewesen zu sein wie am Tag ihrer Hochzeit. Inzwischen hatte die Königin sogar ihre starre Haltung hinsichtlich Alberts „Einmischung" in die Regierungsgeschäfte längst aufgegeben und war nun, auch bedingt durch die zahlreichen Schwangerschaften, ehrlich froh, dass sie in ihm eine wichtige, wohl ihre wichtigste Stütze hatte. Albert, der sich, klug und fleißig wie er war, in jedes beliebige Thema einarbeiten konnte, wurde Victorias primärer Ratgeber. In den Augen der meisten Briten war der deutsche Prinz aber noch immer ein ungeliebter Ausländer. Doch nun bekam Albert endlich die Gelegenheit, seine vielfältigen Fähigkeiten auch der breiten Öffentlichkeit zu zeigen: Die Weltausstellung, die 1851 in London stattfinden sollte, war im Wesentlichen sein Projekt.

Die Welt zu Gast in London

„Die Weltausstellung von 1851", erklärte Albert, „soll uns ein wahres und lebendiges Bild vom Stand der Entwicklung, den die Menschheit erreicht hat, geben". Vor allem aber ging es darum, die Leistungskraft Englands selbst zur Schau zu stellen, das sich Mitte des 19. Jahrhunderts nicht nur zur weltweit führenden Wirtschaftsmacht entwickelt hatte, sondern auch ein Drittel des Welthandels beherrschte. „Fortschritt" – so lautete das Motto des gigantischen Projekts, und das galt nicht zuletzt auch für den medizinischen Fortschritt, an dessen Spitze sich Victoria selbst stellte: Ebenso wie sie als erste der königlichen Familie gegen Pocken geimpft worden war, so ließ sie sich 1853 bei der Geburt von Leopold unter Chloroform entbinden und machte damit die schmerzfreie Geburt in den Augen ihrer Umwelt achtbar – selbst wenn bibeltreue Christen noch immer der Ansicht waren, die Frau müsse unter Schmerzen gebären.

Albert hatte die Weltausstellung, die im Mai 1851 eröffnet wurde, mit der ihm eigenen Perfektion geplant. Schauplatz war John Paxtons berühmter, 77 000 Quadratmeter umfassender Kristallpalast im Londoner *Hyde Park*. Nicht nur die Ausstellung im Inneren, auch der Kristallpalast selbst war ein Ausdruck der führenden Rolle Großbritanniens im industriellen Zeitalter. Aber auch deutsche Erzeugnisse gab es zu bestaunen, zum Beispiel die isolierten Telegrafendrähte von Werner Siemens, durch die die Verlegung eines transatlantischen Kabels ermöglicht wurde. Als Queen Victoria 1858 ein Glückwunschtelegramm an den US-Präsidenten James Buchanan nach Neufundland sandte, galt das als Sensation.

Siemens' Telegrafendrähte oder Alfred Krupps gegossene Stahlkanone interessierten vor allem die deutschen Besucher, unter ihnen auch das preußische Kronprinzenpaar, das gemeinsam mit seinem 1831 geborenen Sohn Friedrich Wilhelm nach London gereist war. Doch das Interesse der hohen Gäste galt nicht allein den technischen Neuerungen, man hatte gleichzeitig die Zukunft Preußens im Blick. Seit 1848 war die englische Königsfamilie mit dem preußischen Kronprinzenpaar freundschaftlich verbunden. Damals war Wilhelm während der revolutionären Ereignisse in Berlin beim Volk so verhasst gewesen, dass er verängstigt nach England floh und dort für mehrere Wochen die Gastfreundschaft von Victoria und Albert genoss. Während seines „Exils" war dem konservativen Preußenprinzen klar geworden, dass die Monarchen nicht dauerhaft gegen den Willen des eigenen Volkes regieren konnten – und so war er maßvollen politischen Veränderungen gegenüber inzwischen durchaus aufgeschlossen. Wilhelm hörte also aufmerksam zu, als Albert ihm seinen ehrgeizigen Plan unterbreitete, einen Plan, den er zusammen mit seinen Coburger Verwandten und Beratern entwickelt hatte: Wenn Preußen endlich eine konstitutionelle Monarchie nach englischem Vorbild werden würde, dann könnte es eine Vorreiterrolle in der nationalen Einigung Deutschlands einnehmen – sodass schließlich beide liberale Staaten enge Bündnispartner werden würden.

Selbst wenn Prinz Wilhelm noch Zweifel haben mochte, seine freisinnige Gemahlin Augusta war von Alberts Plänen hellauf begeistert. Und so entwickelte sich allmählich die Idee, dem langfristig geplanten Bündnis durch eine dynastische Verbindung weiteren Auftrieb zu geben: Gemeint war die spätere Hochzeit des preußischen Prinzen Friedrich Wilhelm, genannt „Fritz“, mit Prinzessin Vicky, die zum Zeitpunkt der Weltausstellung allerdings erst zehn Jahre alt war. Doch schon jetzt konnten die Eltern der beiden mit großer Befriedigung feststellen, dass sich ihre Kinder trotz des Altersunterschieds bestens verstanden. Vicky war nämlich von Albert mit der Aufgabe betraut worden, den jungen Preußenprinzen durch den Kristallpalast zu führen und ihm die verschiedenen Exponate zu erklären. Fritz schien von der klugen kleinen Prinzessin überaus fasziniert zu sein, und auch Vicky hatte an dem hoch gewachsenen Preußen großen Gefallen gefunden. Jetzt musste die Zukunft zeigen, ob Alberts Coburger Plan tatsächlich aufgehen würde.

Vickys Hochzeit mit dem Preußenprinzen

Während der regierende Preußenkönig Friedrich Wilhelm IV. (1795–1861), Wilhelms Bruder, noch ganz von der Idee des Gottesgnadentums durchdrungen war und keinen Gedanken an eine konstitutionelle Monarchie nach englischem Vorbild verschwendete, war das staatliche Leben in England vom fortschrittlichen Geist geprägt. Das zeigte sich allein an dem regelmäßigen Wechsel zwischen konservativen und liberalen Kabinetten und ihren Premierministern. Als Königin stand Victoria über den Parteien, musste ausgleichen und schlichten und trotzdem ihren eigenen Willen zur Geltung bringen.

Die Strahlkraft des fortschrittlichen britischen Empires reichte trotzdem bis in die preußische Hauptstadt Berlin, wo die Heiratspläne allmählich konkrete Formen annahmen. Nachdem sich Fritz während eines Besuchs auf Balmoral im Oktober 1855 noch inoffiziell mit Vicky verlobt hatte (offiziell am 17. Mai 1856), stand der Hochzeit der beiden nichts mehr im Wege. Vicky war inzwischen zu einer jungen Frau herangereift, die genau wusste, was sie wollte und wer sie war, die aber nicht gerade über diplomatisches Geschick verfügte: „Sie war keine Menschenkennerin“, schrieb ihre Hofdame Wally von Hohenthal, „und würde es nie sein, denn ihr eigener Standpunkt war der einzige, den sie zu sehen vermochte“.

Nach einigen Differenzen über den Ort der Hochzeit – als Preußenprinz und zweiter Thronfolger sollte Fritz eigentlich in Berlin heiraten – wurde man sich doch noch einig. Am 25. Januar 1858 traten Fritz und Vicky in der königlichen Kapelle des *St. James Palace* vor den Traualtar, und alle Hochzeitsgäste konnten beobachten, dass die beiden wirklich ineinander verliebt waren. Das junge Paar gönnte sich noch eine „Flitterwoche“ in Windsor, bevor es sich von Victoria, Albert und der Geschwisterschar verabschieden musste. Die Königin ahnte, dass es ihre erst 17-jährige Tochter in Berlin nicht leicht haben würde. Gleichsam mit „im Gepäck“ hatte sie schließlich den Auftrag ihres Vaters, über kurz oder lang für die Realisierung des Coburger Plans zu sorgen, sodass ein liberales Preußen zum „Motor“ eines geeinten Deutschlands werden sollte.

Doch Victorias Sorge galt nicht nur ihrer ältesten Tochter. In Indien waren im Sommer 1857 schwere Unruhen ausgebrochen, regelrechte Massaker, die zahlreiche Todesopfer forderten. Schon zu Beginn des 17. Jahrhunderts war es der englischen Handelsgesellschaft *East India Company* gelungen, sogenannte Handelsniederlassungen in Vorderindien zu begründen. Von diesen Stützpunkten aus waren die Engländer immer weiter ins Landesinnere vorgestoßen. Nachdem das Reich der Großmogule in Indien zerfallen war, konnte die *East India Company* auf dem Subkontinent noch weiter Fuß fassen. Als sie 1813 schließlich das Handelsmonopol in Indien verlor, ging die politische Macht mehr und mehr an die englische Krone über. Nach Niederschlagung der Aufstände, über deren vielfältige Gründe sich nur spekulieren lässt, wurde Indien 1858 offiziell zur britischen Kronkolonie erklärt. 1877 nahm Victoria den Titel „Kaiserin von Indien“ an.

Großen Kummer bereitete Victoria auch ihr 1853 geborener Sohn Leopold, bei dem sich damals immer eindeutiger die Symptome der unheilbaren Bluterkrankheit zeigten. Sobald er sich irgendwo stieß oder hinfiel, bildeten sich große dunkle Flecken am

Körper. Schließlich kamen auch die für diese Krankheit typischen Schwellungen hinzu.

An der Erbkrankheit Hämophilie erkranken ausschließlich Männer, wobei das Leiden durch Frauen weitergegeben wird, in diesem Fall also durch Victoria selbst. Es war der erste Fall in der englischen Königsfamilie, aber nicht der einzige: Victorias Tochter Alice vererbte die Bluterkrankheit nicht nur an ihren Sohn Friedrich Wilhelm, der schon als Kind an einer vergleichsweise leichten Verletzung starb, sondern auch an ihre Töchter Irene und Alexandra, die unglückliche russische Zarin.

Doch dann kam endlich wieder eine gute Nachricht aus Berlin: Am 27. Januar 1859 brachte Vicky einen Sohn zur Welt, den späteren Kaiser Wilhelm II. Es war eine schwere Geburt gewesen, die Mutter und Kind wegen der Steißlage fast das Leben gekostet hätte. Doch während sich Vicky allmählich erholte, mussten die Ärzte feststellen, dass „Willies" linker Arm offenbar gelähmt war. Anscheinend hatte man in der letzten Phase der Geburt beim Herausziehen des Armes ein Nervengeflecht am Hals des Kindes zerrissen, das für die Armbewegung verantwortlich war. Damals hoffte man noch, das Leiden irgendwie heilen zu können. Wie wir heute wissen, ist das nicht gelungen. Wilhelm musste lernen, mit seiner Behinderung zu leben, sein linker Arm war 15 cm kürzer als der rechte. Doch während sich Vicky nicht mit diesem „Makel" abfinden konnte und unbedingt ein „perfektes" Kind haben wollte, freute sich Victoria uneingeschränkt über die Geburt ihres ersten Enkelkindes. Den Arm, um den sich am Berliner Hof scheinbar alles drehte, hat die englische Königin Wilhelm gegenüber niemals erwähnt, sondern den kleinen Jungen stets wie ein ganz normales Kind behandelt.

Der schwärzeste Tag

Während sich Vicky allmählich in Berlin einlebte und in den folgenden Jahren – als begeisterte Mutter – noch sieben weiteren Kindern das Leben schenkte, rückte jetzt Thronfolger Bertie ins

Zentrum des königlichen Interesses. Er war schon als kleines Kind das „schwarze Schaf“ der Familie gewesen, und daran hatte sich auch nicht allzu viel geändert. Vor allem Albert wollte den Sohn unbedingt in die Schranken weisen, denn der Thronfolger hatte sich zu einem recht leichtlebigen jungen Mann entwickelt, der gerne auf Partys ging, die Nacht zum Tag machte und vor allem bei der Damenwelt große Begeisterung auslöste. Dass Berties Fröhlichkeit und sein unwiderstehlicher Charme auch ein Pfund waren, mit dem der künftige englische König auf diplomatischem Parkett wuchern konnte, haben weder Victoria noch Albert begriffen. Beide richteten ihr Augenmerk allein auf Berties etwas leichtfertige Seite.

Für die Eltern war es daher selbstverständlich, dass man so schnell wie möglich eine angemessene Braut für ihn finden musste. Mit Vickys Hilfe, die sich von Berlin aus mit Eifer auf die Suche machte und etliche Fotografien auserwählter Damen nach London schickte, wurde man schließlich auf Prinzessin Alexandra von Dänemark (1844–1925) aufmerksam. Weil sie eine wirkliche Schönheit war, glaubten Victoria und Albert fest daran, dass es ihr gelingen würde, den lasterhaften Bertie an sich zu binden und so auf den Pfad der Tugend zu führen. Man arrangierte, wie in solchen Fällen üblich, ein „zufälliges Treffen“, dessen Ergebnis tatsächlich zur Zufriedenheit der Eltern ausfiel. Doch in die Hoffnung mischte sich auch eine gehörige Portion Skepsis: „Möge er sich eines solchen Juwels als würdig erweisen“, notierte Victoria in ihr Tagebuch.

Als tiefen Einschnitt in ihrem Leben empfand Victoria den Tod ihrer Mutter, die im März 1861 an einer Blutvergiftung gestorben war. Seitdem der verhasste Conroy den Hof kurz nach Victorias Thronbesteigung verlassen musste, hatte Victoire in einem separaten Flügel im *Buckingham Palace* gelebt. Mit der Zeit vernarbten die alten Wunden, und das Verhältnis der beiden Frauen gestaltete sich zum Schluss recht harmonisch. Victoria trauerte nun ehrlich um ihre Mutter, die im Mausoleum von Windsor ihre letzte Ruhestätte fand.

Bald aber gab es wieder Ärger von anderer Seite: Die Annahme, Berties Verhalten würde sich durch die Verlobung mit der schönen Alexandra grundlegend ändern, war natürlich naiv gewesen. Als der junge Mann im Herbst 1861 ein militärisches Training in Irland zu absolvieren hatte, gab es neue unliebsame Gerüchte, die sich um eine „Schauspielerin“ namens Nellie Clifdon rankten. Für Victoria und Albert brach eine Welt zusammen! Während sich besagte Dame bereits damit brüstete, die „künftige Prinzessin von Wales“ zu sein, machte sich Albert unverzüglich auf den Weg zu seinem Sohn, um ihm ins Gewissen zu reden. Dabei ging es ihm gesundheitlich gar nicht gut, er hatte Fieber, litt unter Magenschmerzen und fühlte sich überhaupt seit geraumer Zeit matt und ausgelaugt. Zurück in London verschlimmerte sich sein Leiden. Victoria wich keine Minute vom Krankenbett, schwankte zwischen Hoffnung und Verzweiflung und musste sich letzten Endes doch mit dem Schlimmsten abfinden: Am 14. Dezember 1861 starb ihr über alles geliebter Albert im Alter von nur 42 Jahren. Die genaue Todesursache ist bis heute nicht bekannt. Wie es hieß, starb er an Typhus, vielleicht litt er aber auch an Magenkrebs.

Victoria war verzweifelt. Sie hatte denjenigen Menschen verloren, der ihr am allermeisten bedeutet hatte, viel mehr als ihre neun Kinder, von denen das jüngste gerade erst zwei Jahre alt war. Albert war ihr Geliebter, ihr Freund und unersetzlicher Ratgeber gewesen, und nun wusste sie nicht, wie das Leben ohne ihn weitergehen sollte. Als Zeichen ihrer unendlichen Trauer legte sie die Witwenkleidung bis zu ihrem Lebensende vier Jahrzehnte später nicht mehr ab. In Frogmore, auf dem Gelände von Schloss Windsor, ließ Victoria ein Mausoleum errichten, in dem Alberts sterbliche Überreste beigesetzt werden sollten, später dann auch ihre eigenen.

Warum musste Albert so früh von ihr gehen? Für Victoria stand fest, dass es Berties sexuelle Ausschweifungen und die große Sorge um das Ansehen der Monarchie gewesen waren, die Albert das Leben gekostet hatten. Mit seinem Lotterleben und den ständigen Weibergeschichten schien Bertie genau in die Fußstapfen seines Onkels Georg IV. zu treten, der der britischen Monarchie damals fast den Todesstoß versetzt hätte. Das ohnehin schon problematische Verhältnis zu ihrem Ältesten verschlechterte sich weiter; fast könnte man sagen, Victoria habe Bertie in dieser Zeit regelrecht gehasst.

Nach Alberts Tod zog sich Victoria völlig aus der Öffentlichkeit zurück. Zunächst hatten die Untertanen natürlich vollstes Verständnis für ihre Königin, die ihre unendliche Trauer um den Prinzgemahl ja irgendwie verarbeiten musste. Victoria „versteckte" sich auf den Schlössern Osborne oder Balmoral, dort, wo sie mit ihrem Albert glücklich gewesen war und jeder Stein an den Verstorbenen erinnerte. Ohne einen Mann an ihrer Seite fühlte sich Victoria nur als „halber Mensch", sie brauchte dringend eine „starke Schulter" zum Anlehnen.

Doch dann wurden die Untertanen langsam unruhig. Allmählich war es an der Zeit, dass Victorias „Auszeit" zu Ende ging. Eines schönen Tages tauchte vor dem *Buckingham Palace* ein großes Plakat auf: „Dieses beeindruckende Grundstück ist zu vermieten oder zu verkaufen, da die Geschäfte des letzten Bewohners schlecht gehen." Das war – wenn auch humorvoll formuliert – ein klarer „Wink mit dem Zaunpfahl", den Victoria keineswegs ignorieren konnte. Schließlich ging es um Sein oder Nichtsein der englischen Monarchie! Eine Königin, die sich offensichtlich nicht mehr in der Lage sah, ihre Pflichten ordnungsgemäß zu erfüllen, verschaffte der republikanischen Bewegung einen enormen Aufschwung. Auch die *Times* warnte am 15. Dezember 1863: „Es ist unmöglich für eine Einsiedlerin, den britischen Thron weiter zu besetzen, ohne die Autorität, die der Souverän auszuüben gewohnt ist, allmählich zu schwächen." Irgendetwas musste also geschehen.

„Mr. und Mrs. Brown"

Zum Glück gab es jedoch einen Menschen, der der „schwarzen Witwe" half, ihre selbst auferlegte Isolation allmählich zu überwinden. Sein Name war John Brown (1826–1883). Der acht Jahre jüngere Schotte war seit 1849 einer der Bediensteten auf Schloss Balmoral, wo er dem Königspaar als „Mann für alle Fälle" gedient hatte, als Kutscher, Leibwächter und Kinderbetreuer in einer Person. John Brown hatte überhaupt nichts Aristokratisches an sich. Er war ein Naturbursche aus dem schottischen Hochland, robust, zuverlässig und von einer bisweilen entwaffnenden Ehrlichkeit. Er behandelte Victoria zwar mit dem gebotenen Respekt, aber ohne jede Form der Unterwürfigkeit. Ein „Your Majesty" dürfte ihm wohl nie über die Lippen gekommen sein, stattdessen sprach er die Queen schlicht und einfach mit „woman" an. Für Victoria wurde John Brown „der teuerste Freund, den niemand auf der Welt ersetzen kann", ein ständiger Begleiter, ohne den sie in den nächsten Jahren kaum noch einen Schritt vor die Tür machte.

Was aber zog sie an dem „Highlander" so an? Diese Frage stellten sich natürlich auch die Untertanen. Bald machten Gerüchte die Runde, John Brown sei Victorias heimlicher Liebhaber, vermutlich habe sie ihn sogar schon in morganatischer Ehe geheiratet. Manche Zeitungen begannen tatsächlich, die Königin offen als „Mrs. Brown" zu verspotten.

Noch heute gibt ihre Beziehung zu dem Schotten einige Rätsel auf, doch wahrscheinlich war die Sache ganz einfach: In Victorias näherer Umgebung gab es niemanden, dem sie sich ehrlich anvertrauen konnte. Bertie, seit 1863 mit Alexandra von Dänemark verheiratet, kam natürlich überhaupt nicht in Frage, die ältesten Töchter Vicky und Alice lebten weit weg in Deutschland. Und sonst? Die Mitglieder des neugierigen und klatschsüchtigen Hofstaats waren für vertrauliche Gespräche erst recht ungeeignet. John Brown aber war ein zuverlässiger und verschwiegener Freund und Beschützer, nicht weniger, aber auch nicht mehr. Sein Tod im November 1883 traf Victoria tief: „Ich bin schrecklich niedergeschlagen über diesen Verlust, der mich eines Menschen beraubt hat, der mir so ergeben und diensteifrig war, der so viel für mein persönliches Wohlbefinden getan hat." Einen ähnlich wertvollen Menschen sollte Victoria auch nie wieder finden.

Enttäuschungen und neue Schicksalsschläge

Dabei hätte Victoria auch jetzt dringend eine „starke Schulter" zum Anlehnen gebraucht. Berties Ehe mit der schönen Alexandra, aus der insgesamt sechs Kinder hervorgingen, hatte den lebensfrohen

Thronfolger nicht verändert. Noch immer bevorzugte er die Gesellschaft attraktiver Schauspielerinnen, trieb sich in den Londoner Clubs herum und trank gerne einen über den Durst.

Auch politisch vertrat Bertie ganz andere Ansichten als Victoria. Die Königin liebte Deutschland, das sie auf gemeinsamen Reisen mit Albert kennengelernt hatte. Während die Queen also grundsätzlich pro-deutsch empfand, zeigte der Sohn nur wenige Sympathien für die Heimat seines Vaters und liebäugelte stattdessen mit Frankreich. Dabei war ein Bündnis mit Deutschland gerade das Vermächtnis Alberts. Für die Durchsetzung sollten bekanntlich Vicky und Fritz sorgen, die seit dem Tod Friedrich Wilhelms IV. im Januar 1861 und dem Regierungsantritt Wilhelms I. Preußens Thronfolgerpaar waren. Zunächst schienen die Chancen auch gar nicht schlecht zu stehen, wenngleich der „Coburger Plan" durch Alberts frühzeitigen Tod einen wichtigen Verfechter verloren hatte. 1862 nämlich schien die preußische Krone für Fritz zum Greifen nahe. Der Versuch Wilhelms I., eine Heeresreform gegen den Willen der Abgeordneten durchzuführen, hatte mit dem Rücktritt seiner Minister geendet.* Der Preußenkönig, plötzlich isoliert und ohne konkrete Perspektive, wie es weitergehen sollte, dachte daran, die Krone seinem „recht- und gesetzmäßigen Nachfolger" zu übergeben. Die Abdankungsurkunde war bereits aufgesetzt, doch Fritz weigerte sich, das Dokument zu unterzeichnen. Dabei hatte Vicky ihn ausdrücklich dazu gedrängt: „Wenn du es nicht annimmst, glaube ich, dass du es einst bereuen wirst." Fritz aber, der ohnehin keine Kämpfernatur war, wollte den Thron nicht über den gestürzten Vater hinweg besteigen – und räumte freiwillig das Feld. Wilhelm I. ernannte daraufhin den politischen Hardliner Otto von Bismarck zum preußischen Ministerpräsidenten, jenen Mann, der schließlich durch drei blutige Kriege** „Architekt" des 1871 gegründeten Deutschen Reiches wurde. Zu diesem Zeitpunkt war Alberts „Coburger Plan"

---

* Im preußischen Herrenhaus saßen nur Mitglieder des Adels und vom König berufene Männer.

** 1864/65 Deutsch-Dänischer Krieg, 1866 Deutscher „Bruderkrieg" gegen Österreich, 1870/71 Deutsch-Französischer Krieg.

längst Makulatur, denn Vicky und Fritz waren am Berliner Hof seit Bismarcks Amtsantritt politisch völlig kaltgestellt.

Neben politischen Enttäuschungen blieben auch private Schicksalsschläge nicht aus. 1878 starb Victorias Tochter Alice – am 14. Dezember, Alberts Todestag – an Diphtherie, und im März 1884 erlag Prinz Leopold den Folgen der Bluterkrankheit, nachdem er während eines Besuchs in Cannes von einer Treppe gestürzt war.

Schatten über den Thronjubiläen

Die Jahre vergingen, und inzwischen trug Victoria schon seit einem halben Jahrhundert die englische Krone. Am 21. Juni 1887 feierte das Inselreich ihr Goldenes Thronjubiläum. Fast eine halbe Million Menschen hatten sich auf den Londoner Straßen versammelt, um ihrer Queen während der Fahrt vom *Buckingham Palace* zur *Westminster Abbey* zuzujubeln. Während Victorias Regierung war Großbritannien mit seiner blühenden Industrie zum reichsten Land der Welt geworden, einer Welt, über der in weiten Teilen der *Union Jack* flatterte. Die Queen war nicht nur Kaiserin von Indien, sondern auch Herrscherin über weite Kolonialgebiete in Afrika, Australien und das halbsouveräne Kanada, seit 1867 britisches Dominion (sich selbst verwaltende Kolonie). Das Britische Weltreich umfasste mehr als 33 Millionen Quadratkilometer, im Jahr 1900 fast ein Viertel der ganzen Welt.

Am Abend des ereignisreichen Tages notierte Victoria stolz in ihr Tagebuch: „Die Menge vom Tor des Palastes bis zur Kathedrale war überwältigend groß. Es gab einen unglaublichen Ausbruch von Begeisterung, wie ich ihn in London kaum je zuvor erlebt hatte; die Menschen schienen in einer wahrhaft festlichen Stimmung zu sein.“ Kein Zweifel, Victoria war längst zur Mutter der britischen Nation geworden, selbst wenn keineswegs alle Untertanen auf der Sonnenseite des Lebens standen und viele von ihnen als Kleinbauern und Industriearbeiter mit einem Existenzminimum auskommen mussten. Seit Beginn der 1870er-Jahre war zudem die britische Wirtschaft eingebrochen, während sich gleichzeitig die Arbeiter in

Gewerkschaften zusammenschlossen, um für ihre Rechte und die Verbesserung ihrer Lebensumstände zu kämpfen.

Doch an diesem besonderen Tag schien all das vergessen zu sein, ebenso wie die desolaten Zustände in Irland, wo Mitte des 19. Jahrhunderts nach Missernten eine Million Menschen an Hunger gestorben waren.

Zur Feier des Tages waren auch Victorias Kinder und Enkel zu einem großen Familientreffen nach London gereist. Vicky und Fritz waren ebenfalls gekommen, auf die Albert und die Queen einst so große Hoffnungen gesetzt hatten. Inzwischen waren seit ihrer Hochzeit fast 30 Jahre vergangen, doch noch immer saß Fritz' greiser Vater als Wilhelm I. auf dem inzwischen deutschen Kaiserthron, und Otto von Bismarck war sein allmächtiger Reichskanzler. Im März des Jahres hatte Wilhelm I. seinen 90. Geburtstag gefeiert, es konnte also nicht mehr allzu lange dauern, bis Fritz seinen Vater beerben würde. Doch Victoria ahnte bereits das Schreckliche: Der Kronprinz war schwerkrank, selbst wenn die Familie weiter hoffte, dass die Geschwulst am Kehlkopf, die sein Arzt diagnostiziert hatte, gutartig war. Beim Goldenen Thronjubiläum der Queen schien Fritz tatsächlich bester Gesundheit zu sein und sah mit seinem eindrucksvoll wallenden Bart nach wie vor aus wie ein teutonischer Recke. Doch im November des Jahres erbrachte eine Kehlkopfspiegelung den niederschmetternden Befund: Es war Krebs!

Als Wilhelm I. am 9. März 1888 nach kurzer Krankheit starb, wurde der bereits dem Tod geweihte Friedrich III. neuer deutscher Kaiser – für nur 99 Tage. Ein deutsch-englisches Bündnis kam nie zustande. Nach Friedrichs Tod am 15. Juni bestieg der erst 29-jährige Wilhelm II. den Thron, der nach dem Willen seiner Eltern und der englischen Großmutter eigentlich ein „liberaler Friedrich der Große" hätte werden sollen. Stattdessen hatte er sich zu einem eingebildeten und vorlauten Schnösel entwickelt. Die berauschenden Ereignisse dreier gewonnener Kriege und der Gründung des Deutschen Reiches im Spiegelsaal von Versailles im Januar 1871 hatten sein Weltbild geprägt. Er war nun fest entschlossen, mit England gleichzuziehen – wirtschaftlich, außenpolitisch und vor allem durch den Bau einer starken Flotte. Auf die freundlichen Ratschläge seiner erfahrenen englischen Großmutter legte der junge Kaiser keinen Wert und verbat sich sogar jede Form von Einmischung. Als Victoria im Juni 1897 ihr 60-jähriges Thronjubiläum feierte, war „Willie" in England bereits so unbeliebt, dass er zu den Feierlichkeiten gar nicht erst eingeladen wurde.

Auch Vicky wusste sich keinen Rat mehr. Verzweifelt schrieb sie am 4. Juli 1900 an Queen Victoria: „Der liebe Wilhelm hat wieder eine neue Rede mit viel Gedröhn losgelassen. Ich wünschte, die Regierung gäbe die Politik der fortwährenden Feuerwerke, aufsehenden Überraschungen usw. auf." Doch viel mehr als um ihren großspurigen Enkel sorgte sich die Queen um die inzwischen knapp 60-jährige Vicky. Denn in deren Brief hieß es etwas weiter unten: „Ich bin wieder auf, habe aber große Schmerzen … Es kann aber nichts getan werden, ich muss es ertragen." Victoria wusste schon seit geraumer Zeit, dass auch ihre älteste Tochter an Krebs erkrankt war und nicht mehr lange leben würde.

Victorias Tod – Ende einer Epoche

All die Sorgen und Enttäuschungen hatten die kleine schwarze Witwe zermürbt und müde gemacht. Der Burenkrieg (1899–1902)* bereitete ihr schlaflose Nächte, und auch die Sorge um Deutschland ließ sie nicht mehr los. Zudem waren Victorias letzte Lebensjahre von Krankheiten überschattet. Rheumatische Beschwerden machten ihr derart zu schaffen, dass sie zunehmend auf den Rollstuhl angewiesen war. Auch ihre Augen waren so schlecht geworden, dass sie die Dokumente, die sie unterzeichnen musste, kaum noch lesen konnte. Im Winter 1900 zog sich Victoria wie immer in ihr geliebtes Osborne zurück, doch ihre Kräfte nahmen weiter ab. Sie hatte kaum noch Appetit und wurde auch tagsüber von großer Müdigkeit übermannt. Anfang Januar stand fest, dass die greise

* Konflikt zwischen Großbritannien und den südafrikanischen Burenrepubliken, in denen Kolonisten meist niederländischer Herkunft lebten. Mit dem Friedensschluss 1902 verblieben die Burenrepubliken zwar im britischen Empire, erhielten aber weitgehende Sonderrechte.

Queen nicht mehr lange leben würde. Ihre Kinder und Enkelkinder eilten daraufhin nach Osborne, sogar Wilhelm II., der den ehrlichen Wunsch verspürte, seine Großmutter noch ein letztes Mal zu sehen. Am 22. Januar 1901 starb die 81-Jährige in den Armen ihres deutschen Enkels.

Victorias Leichnam wurde nach London überführt, schließlich weiter nach Windsor. Hier fand sie, wie sie es sich immer gewünscht hatte, am 4. Februar 1901 neben ihrem geliebten Albert im Mausoleum von Frogmore ihre letzte Ruhestätte.

Neuer König des britischen Empire wurde der inzwischen knapp 60-jährige Bertie, der seinen verhassten Vornamen Albert umgehend ablegte und als Eduard VII. den Thron bestieg.

Das „Viktorianische Zeitalter" war zu Ende – eine Epoche, mit der spätere Generationen Wohlstand, Sitte und Ordnung, Ansehen und technischen Fortschritt in Verbindung brachten. Gewiss sind die Jahrzehnte der Herrschaft Victorias reichlich verklärt worden, doch gemessen an dem, was das 20. Jahrhundert brachte – zwei grauenhafte Weltkriege –, erscheinen sie im Rückblick tatsächlich als die „gute alte Zeit".

Literaturverzeichnis

Aschoff, Hans-Georg, Die Welfen. Von der Reformation bis 1918, Stuttgart 2010

Berner, Ernst, Aus dem Briefwechsel Friedrichs I. von Preußen und seiner Familie, Berlin 1901

Bertram, Mijnert, Georg II. König und Kurfürst, Göttingen 2004

Drinkuth, Friederike, Königin Charlotte. Eine Prinzessin aus Mecklenburg-Strelitz besteigt den englischen Thron, Schwerin 2011

Ein Herzogtum und viele Kronen. Coburg in Bayern und Europa. Katalog zur Landesausstellung 1997 des Hauses der Bayerischen Geschichte und der Kunstsammlungen der Veste Coburg, Hg. Michael Henker u. a., Regensburg 1997

Endler, Carl August, Geschichte des Landes Mecklenburg-Strelitz (1701–1933), Hamburg 1935

Erck, Alfred / Schneider, Hannelore, Die Meiningerin auf dem englischen Königsthron. Ein Frauenschicksal während der ersten Hälfte des 19. Jahrhunderts, Meiningen 2005

Feuerstein-Praßer, Karin, Caroline von Braunschweig. Englands ungekrönte Königin, Regensburg 2009

Dies., Sophie von Hannover. „Wenn es die Frau Kurfürstin nicht gäbe"; Regensburg 2004

Dies., Die deutschen Kaiserinnen, Regensburg 1997

Fraser, Flora, The Unruly Queen. The Life of Queen Caroline, London 1999

Gansäuer, Jürgen, Welfen auf Englands Thron. Die Personalunion 1714–1837, Göttingen 2013

Geerds, Robert, Die Mutter der Könige von Preußen und England. Memoiren und Briefe der Kurfürstin Sophie von Hannover, Leipzig 1913

Gerste, Ronald D., Queen Victoria. Die Frau hinter dem Mythos, Regensburg 2000

Haan, Heiner, Geschichte Englands vom 16. bis zum 18. Jahrhundert, München 1993

Harris, James, Lord Malmesbury, Diaries and Correspondence, 4 Bde., London 1845

Hatton, Ragnhild, Georg I. Ein deutscher Kurfürst auf Englands Thron, Frankfurt/Main 1982

Havemann, Wilhelm, Geschichte der Lande Braunschweig und Lüneburg, 3 Bde., Hannover 1974/75

Herre, Franz, Kaiser Friedrich III., Stuttgart 1987

Ders., Kaiserin Friedrich. Victoria – eine Engländerin in Deutschland, Stuttgart 2006

Historische Denkwürdigkeiten und Aktenstücke aus dem Leben und über den Prozess der Königin Caroline von England, Leipzig und Altenburg 1821

Kluxen, Kurt, Geschichte Englands. Von den Anfängen bis zur Gegenwart, Stuttgart 2001

Knoop, Mathilde, Kurfürstin Sophie von Hannover, Hildesheim ND 1999
Königin Victorias Briefwechsel und Tagebücher, übersetzt von M. Plüddemann, 2 Bde., Berlin 1908
Königin Victorias Briefwechsel und Tagebuchblätter während der Jahre 1862 bis 1878, übersetzt von Richard Lennox, Berlin 1928
– Your dear letter. Private correspondence of Queen Victoria with the Crown Princess of Prussia, 1863–1873, London 1971
– Dearest Child. Letters between Queen Victoria and the Princess Royal 1858–1861, London 1964
– Darling Child. Private Correspondence of Queen Victoria and the Crown Princess of Prussia, 1871–1878, London 1976
– Dearest Mama. Letters between Queen Victoria and the Crown Princess of Prussia, London 1968
Königs, Philip, Die Dynastie aus Deutschland. Die hannoverschen Könige von England und ihre Heimat, Hannover 1998
Kwan, Elisabeth, Röhrig, Anna E., Frauen vom Hof der Welfen, Göttingen 2006
Lotz, Jürgen, Victoria, Reinbek bei Hamburg 2000
Leitner, Thea, Skandal bei Hof, München 1995
Maurer, Michael, Kleine Geschichte Englands, Stuttgart 2002
Morand, Paul, Sophie Dorothea von Celle. Die Geschichte eines Lebens und einer Liebe, Hamburg 1970
Netzer, Hans-Joachim, Albert von Sachsen-Coburg und Gotha, München 1995
Niethard, Gottfried, Geschichte Englands im 19. und 20. Jahrhundert, München 1996
Palmer, Alan, Gekrönte Vettern. Deutscher Adel auf Englands Thron, Düsseldorf 1989
Panzer, Marita A., Die englischen Königinnen, Regensburg 2001
Parry, Edward, Caroline von Braunschweig, Odyssee einer Königin, Freiburg o. J.
Paulus, Wilhelm, Markgraf Carl Wilhelm Friedrich von Ansbach (1712–1757). Ein Zeitbild des fränkischen Absolutismus, Erlangen 1932
Philippi, Hans, Die Wettiner in Sachsen und Thüringen, Limburg 1989
Ponsonby, Sir Frederick, Briefe der Kaiserin Friedrich, Wien o. J.
Redmann, Alwin, Auf Englands Thron. Das Haus Hannover, Braunschweig 1961
Rogasch, Wilfried (Hg.), Victoria & Albert, Vicky & The Kaiser. Ein Kapitel deutsch-englischer Familiengeschichte, Ostfildern 1997
Schnadt, Georg (Hg.), Briefwechsel der Kurfürstin Sophie von Hannover mit dem preußischen Königshause, Berlin–Leipzig 1927
Schnath, Georg, Sophie Dorothea und Königsmarck. Die Ehetragödie der Kurprinzessin von Hannover, Hildesheim 1976
Ders., Der Königsmarck-Briefwechsel, bearbeitet in Regestenform, Hildesheim 1952
Schneidmüller, Bernd, Die Welfen. Herrschaft und Erinnerung. Stuttgart 2000
Schröder, Hans Christoph, Englische Geschichte, München 2006
Schuhmann, Günther, Die Markgrafen von Brandenburg-Ansbach. Eine Bilddokumentation zur Geschichte der Hohenzollern in Franken, Ansbach 1980

Stettner, Thomas, Ansbacher Lebensläufe, Ansbach 1921
Thies, Heinrich, Ein König aus Hannover. Georg I., der erste Welfe auf dem englischen Thron, Göttingen 2011
Urbach, Karina, Queen Victoria. Eine Biografie, München 2011
Vinage, Renate du, Ein vortreffliches Frauenzimmer. Das Schicksal von Eleonore d'Olbreuse, der letzten Herzogin von Braunschweig-Lüneburg-Celle, Berlin 2000
Walter, Jürgen, Sophie Dorothea, Kurprinzessin von Hannover. Ein höfischer Skandal, Mühlacker 2006
Weintraub, Stanley, Queen Victoria, Zürich 1987
Wende, Peter (Hg.), Englische Könige und Königinnen. Von Heinrich VII. bis Elisabeth II., München 1998
Ders., Das britische Empire. Geschichte eines Weltreichs, München 2011
Wilkens, William Henry, Caroline, the illustrious queen-consort of George II. And sometime queen-regent. A Study of her life, London 2009
Wortley Montagu, Mary, Briefe aus dem Orient. Frauenleben im 18. Jahrhundert, Wien 2006

Register

Personen

Adelheid v. Sachsen-Meiningen (1792–1849), Gem. Wilhelms IV. 72, 96–109. 112f., 116

Adolf Friedrich II. v. Mecklenburg-Strelitz (1658–1708), Großvater der Kgin. Charlotte 53, 56

Adolf Friedrich III. v. Mecklenburg-Strelitz (1686–1752) 54, 56

Adolf Friedrich IV. v. Mecklenburg-Strelitz (1738–1774), Bruder der Kgin. Charlotte 54, 56f., 60f.

Adolf Friedrich (1774-1850), Sohn der Kgin. Charlotte 66

Albert v. Sachsen-Coburg u. Gotha (1819–61), Prz.gem. der Kgin. Victoria 11, 108f., 110f., 115–121, 124ff., 128, 130, 132

Albrecht Achilles (1414–86), Kfst. v. Brandenburg 36

Alexandra v. Dänemark (1844–1925), Gem. Eduards VII. 124, 127

Alexandra Feodorowna (1872–1918), Gem. des russ. Zaren Nikolaus II., Enkelin der Kgin. Victoria 123

Alfred (1780–82), Sohn der Kgin. Charlotte 66

Alfred (1844–1900), Sohn der Kgin. Victoria 118

Alice v. Hessen-Darmstadt (1843–78), Tochter der Kgin. Victoria 118, 123, 127, 129

Amalie (1711–86), Tochter der Kgin. Caroline32, 44, 46

Amalie (1783–1810), Tochter der Kgin. Charlotte 66, 71

Anna (1709–59), Tochter der Kgin. Caroline 43, 48

Anna Stuart (1665–1714), Tochter Jakobs II., Kgin. v. England (1702) 10, 31, 36, 44

Anton Ulrich v. Braunschweig-Wolfenbüttel (1633–1714) 19

Arthur (1850–1942), Sohn der Kgin. Victoria 118

August Friedrich v. Braunschweig-Wolfenbüttel (1657–76), Sohn v. Hzg. Anton-Ulrich, Verlobter Sophie Dorotheas 19

Augusta v. Sachsen-Gotha-Altenburg (1719–72), Gem. des Prz. v. Wales Friedrich Ludwig, Mutter Georgs III. 50, 60, 67

Augusta (1737–1813), Schwester Georgs III., Gem. Karl Wilhelm Ferdinands v. Braunschweig-Wolfenbüttel, Mutter v. Caroline 69, 75ff., 79

Augusta (1768–1840), Tochter der Kgin. Charlotte 66

Augusta v. Sachsen-Weimar (1811–90), Gem. Wilhelms I., Kgin. v. Preußen, dt. Ksin. 120

Augusta v. Sachsen-Meiningen (1843–1919), Nichte der Kgin. Adelheid 109

Augustus (1773–1843), Sohn der Kgin. Charlotte 66

Austin, Sophia 84, 87

Austin, William (* 1802) 84ff., 89, 95

Banks, Joseph (1743–1820), engl. Botaniker 67

Beatrice (1857–1944), Tochter der Kgin. Victoria 118

Bernhard II. v. Sachsen-Meiningen (1800–82), Bruder der Kgin. Adelheid 97f., 105ff., 108

Bismarck, Otto v. (1815–98), preuß. Ministerpräs., dt. Reichskanzler 128ff.
Boleyn, Anne (1501?–36), 2. Gem. Heinrichs VIII. 60
Brown, John (1826–83), Vertrauter der Kgin. Victoria 126f.
Buchanan, James (1791–1868), US-Präsident 120
Burney, Frances (1752–1840), engl. Chronist 67

Cameron, David (* 1966), brit. Premiermin. (2010), Nachkomme Wilhelms IV. 100
Carl Alexander (1736–1806), Markgf. v. Ansbach-Bayreuth (1769–91) 37
Carl Ludwig Friedrich v. Mecklenburg-Strelitz (1708–52), „Prz. v. Mirow“, Vater der Kgin. Charlotte 53ff. 56
Caroline v. Ansbach (1683–1737), Gem. Georgs II. 31, 34–51, 63
Caroline Elisabeth (1713–57), Tochter der Kgin. Caroline 44
Caroline v. Braunschweig-Wolfenbüttel (1768–1821), Gem. Georgs IV. 69, 74–95
Caroline Mathilde (1751–75), Schwester Georgs III., Gem. Christian VII. v. Dänemark 51, 77
Charlotte v. Mecklenburg-Strelitz (1744–1818), Gem. Georgs III. 52–73, 78, 100
Charlotte (1766–1828), Tochter der Kgin. Charlotte 66, 72
Charlotte (1796–1817), engl. Thronerbin, Tochter v. Caroline u. Georg IV. 69, 82f., 84, 88, 91, 100, 103, 111
Christian VII. v. Dänemark (1749–1808) 51
Christian Albrecht v. Ansbach (1675–92), Halbbruder der Kgin. Caroline 37
Christian Ludwig v. Braunschweig-Lüneburg (1622–65), Hzg. v. Celle (1648) 16
Christian Ludwig II. v. Mecklenburg-Schwerin (1683–1756) 56
Christiane v. Mecklenburg-Strelitz (1681–1751), Großmutter der Kgin. Charlotte 54
Christiane v. Mecklenburg-Strelitz (1735-1794), Schwester der Kgin. Charlotte 54, 61
Clifden, Nellie, Geliebte des engl. Thronfolgers „Bertie“ 125
Conroy, John, Duke of Kent, „Stiefvater“ der Kgin. Victoria 112f., 124
Cook, James (1728–79), erster Weltumsegler 67
Cromwell, Oliver (1599–1658), Lordprotector 35

Douglas, Lady Charlotte 84ff.

Eduard v. Kent (1767–1820), Vater der Kgin. Victoria 66, 73, 102f. 111f., 115
Eduard v. Sachsen-Weimar (1823–1902), Neffe der Kgin. Adelheid 103
Eduard VII. (1841–1910), Albert Eduard „Bertie“, Sohn der Kgin. Victoria, engl. Kg. (1901) 110, 117ff., 123ff., 127f. 132
Eleonore d'Olbreuse (1639–1722), Mutter der Sophie Dorothea v. Celle 16ff., 25, 30
Eleonore v. Sachsen-Eisenach (1662–96), Gem. des Markgrafen Johann Friedrich v. Ansbach, Mutter der Kgin. Caroline 37f.
Eleonore v. der Knesebeck, Hofdame der Kurprzin. Sophie Dorothea 24, 26, 28
Eleonore v. Münster, Erzieherin der Caroline v. Braunschweig-Wolfenbüttel 76

Elisabeth I. (1533–1603), Kgin. v. England (1558) 10, 49
Elisabeth v. Braunschweig-Wolfenbüttel (1746–1840), Nichte Friedrichs II. 57, 77
Elisabeth (1770–1840), Tochter der Kgin. Charlotte 66
Elisabeth (1820–21), Tochter der Kgin. Adelheid 103
Elisabeth Stuart (1596–1622), Tochter Jakobs I, Mutter der Sophie v. Hannover 10
Elisabeth Albertine v. Sachsen-Hildburghausen (1713–61), Mutter der Kgin. Charlotte 54, 56ff.
Elisabeth Charlotte, „Liselotte“ v. der Pfalz (1652–1722), Hzgin. v. Orléans 20
Elisabeth Christine v. Braunschweig-Bevern (1715–97), Gem. Friedrichs II. v. Preußen 50, 62
Ernst (1742–1818), Bruder der Kgin. Charlotte 61
Ernst II. v. Sachsen-Coburg u. Gotha (1818–93), Bruder des Prz.gem. Albert 115
Ernst August v. Braunschweig-Lüneburg (1629–98), seit 1692 Kfst. v. Hannover 10, 14ff., 19, 21, 23ff.,29, 31
Ernst August (1771–1851), Sohn der Kgin. Charlotte, seit 1837 Kg. v. Hannover 66, 72, 112, 114

Feodora v. Leiningen (1807–72), Halbschwester der Kgin. Victoria 112f.
Fitzherbert, Maria (1756–1837), illegitime Gem. Georgs IV. 78, 80
Friederike v. Hessen-Darmstadt (1752–82), Mutter der Kgin. Luise v. Preußen 68
Friederike v. Mecklenburg-Strelitz (1778–1841), Schwester der Kgin. Luise, Kgin. v. Hannover 66, 72
Friederike v. Preußen (1767–1820), Gem. des Prz. Friedrich v. York 68
Friederike Luise v. Sachsen-Gotha (1741–76) 57
Friedrich V. v. der Pfalz (1596–1632), Kfst. v. der Pfalz 1610–22, „WinterKg.“ v. Böhmen (1619/20), Vater der Sophie v. Hannover 10, 14
Friedrich I. (1657–1713), (Kfst. Friedrich III. v. Brandenburg-Preußen seit 1688), Kg. „in“ Preußen (1701) 37ff., 42f., 45
Friedrich II. „der Große“ (1712–86), Kg. v. Preußen (1740) 20, 31f., 45f., 50, 57, 62
Friedrich III. v. Zollern (um 1139–um 1200), Burggf. v. Nürnberg 36
Friedrich VI. (um 1287–1332), Burggf. v. Nürnberg 36
Friedrich v. York (1763–1827), Sohn der Kgin. Charlotte 66, 68, 100, 104
Friedrich August (1670–1733), Kfst. v. Sachsen (1694), Kg. v. Polen (1697) 25, 27, 29, 38
Friedrich Ludwig (1707–51), Prz. v. Wales, Sohn der Kgin. Caroline 32, 43, 45f., 49f., 57
Friedrich Wilhelm v. Mecklenburg-Schwerin (1692–1713) 56
Friedrich Wilhelm v. Brandenburg-Preußen (1620–88), „großer Kfst.“ 37
Friedrich Wilhelm I. (1688–1710), Kg. „in“ Preußen (1713) 20, 31f., 39ff., 43, 45
Friedrich Wilhelm II. (1744–97), Kg. v. Preußen (1740) 68
Friedrich Wilhelm III. (1770–1840), Kg. v. Preußen (1797) 68f.
Friedrich Wilhelm IV. (1795–1861) Kg. v. Preußen (1840) 121, 128

Friedrich Wilhelm v. Braunschweig-Wolfenbüttel (1771–1815), der „schwarze Hzg.“, Bruder Carolines 76, 89
Friedrich Wilhelm v. Preußen (1831–88), Ks. Friedrich III. (1888), Schwiegersohn der Kgin. Victoria 120ff., 128ff.
Friedrich Wilhelm v. Hessen-Darmstadt (1870–73), Enkel der Kgin. Victoria 123

Genzmer, Gottlob Burchard (1716–71), evang. Theologe, Naturforscher, Mecklenburger Prinzenerzieher 55
Georg I. (1660–1727), Kg. v. England (1714), als Georg Ludwig Kfst. v. Hannover (1698), Gem. der Sophie Dorothea v. Celle (o/o 1696) 9, 11, 12f., 19f., 21ff., 29, 31f., 34, 41, 45ff., 49f., 56
Georg II. (1683–1760), Kg. v. England u. Kfst. v. Hannover (1727), Gem. der Caroline v. Ansbach 8, 20, 31, 33f., 40ff., 45, 47ff., 51, 53, 57, 63
Georg III. (1738–1820), Kg. v. England u. Kfst./Kg. v. Hannover (1760), Gem. der Charlotte v. Mecklenburg-Strelitz 50, 53, 57, 59f. 63ff., 67ff., 73, 75, 77f., 83, 87f., 91, 99f., 103ff., 111
Georg IV. (1762–1830), Kg. v. England u. Hannover (1820), Gem. der Caroline v. Braunschweig 65, 68, 71, 74f., 78, 80ff., 84ff., 91ff. 95, 100, 104, 112, 114, 125
Georg I. v. Sachsen-Meiningen (1761–1803), Vater der Kgin. Adelheid 97
Georg II. v. Sachsen-Meiningen (1826–1914), Neffe der Kgin. Adelheid 118f.
Georg August (1748–85), Bruder der Kgin. Charlotte 61
Georg Friedrich II. v. Ansbach (1678–1703), Halbbruder der Kgin. Caroline 37f., 40
Georg Wilhelm (1624–1705), Hzg. v. Celle, Vater Sophie Dorotheas 13ff., 17
Georg Wilhelm (1717–18), Sohn der Kgin. Caroline 47
Graeme, engl.Gesandter 58
Gustav Adolf v. Mecklenburg (1633–95) 56

Händel, Georg Friedrich (1685–1759), Komponist u. engl. Hofmusiker 44, 46, 48, 50f., 72
Harcord, engl. Gesandter 60
Heinrich VIII. (1491–1547), engl. Kg., Begründer der Anglik. Staatskirche (1534) 60
Helene (1846–1923), Tochter der Kgin. Victoria 118

Ida v. Sachsen-Meiningen (1794–1852), Gem. Bernhards v. Sachsen-Weimar, Schwester der Kgin. Adelheid 97, 99, 103, 109
Irene v. Preußen (1866–1953), Enkelin der Kgin. Victoria 123

Jakob I. (1566–1625), engl. Kg. (1603) 9
Jakob II. (1633–1701), engl. Kg. (1685–89) 36
Jersey, Lady Frances (1753–1831), Hofdame Carolines, Geliebte des Prz. v. Wales 80ff.
Johann Friedrich v. Braunschweig-Lüneburg (1625–79), reg. Hzg. v. Hannover (1665) 17
Johann Friedrich (1654–86), Mgf. v. Brandenburg-Ansbach (1667), Vater der Kgin. Caroline 37
Johann Georg IV. (1668–94), Kfst. v. Sachsen, Bruder Augusts des Starken 38

Jordan, Dorothea (1761–1816), Schauspielerin, Geliebte Wilhelms IV. 99f., 103

Karl II. (1630–85), engl. Kg. 35
Karl Bernhard v. Sachsen-Weimar-Eisenach (1792–1862), Schwager der Kgin. Adelheid 99
Karl v. Mecklenburg-Strelitz (1741–1816), Bruder der Kgin. Charlotte, Vater der Kgin. Luise v. Preußen 61, 67
Karl Fst. zu Leiningen (1763–1814) 111
Karl August (1757–1828), Großhzg. v. Sachsen-Weimar (1815) 99
Karl Ludwig v. der Pfalz (1617–80), Bruder der Sophie v. Hannover 14f.
Karl Wilhelm Ferdinand v. Braunschweig-Wolfenbüttel (1735–1806), Carolines Vater 69, 75ff.
Königsmarck, Maria Aurora Gfin. v. (1662–1728), Schwester des Grafen Königsmarck, Mätresse Augusts des Starken 24, 29
Königsmarck, Philipp Christoph Gf. v. (1665–94), Geliebter Sophie Dorotheas 12, 21–29, 31, 33
Krupp, Alfred (1812–87) dt. Industrieller 120

Lehzen, Louise (1784–1870), Kinderfrau der Kgin. Victoria 113
Lehndorff, Ernst Ahasverus Heinrich (1727–1811), Kammerherr der preuß. Kgin. Elisabeth Christine 62
Leibniz, Gottfried Wilhelm (1646–1716), Philosoph u. Universalgelehrter 39, 44
Leopold v. Sachsen-Coburg (1790–1865), Gem. der engl. Thronfolgerin Charlotte, Kg. der Belgier (1831) 72, 91, 111f., 113, 115
Leopold (1853–84), Sohn der Kgin. Victoria 118f., 122, 129
Linné, Carl v. (1707–78), schwed. Naturforscher 55
Louisa (1724–61), Tochter der Kgin. Caroline 48
Louise (1848–1939), Tochter der Kgin. Victoria 118
Luise v. Mecklenburg-Strelitz (1776–1810), Kgin. v. Preußen, Nichte der Kgin. Charlotte 66, 68f., 72
Luise Eleonore v. Sachsen-Meiningen (1763–1837), Mutter der Kgin. Adelheid 97f., 100f.

Malmesbury, Lord James Harris (1746–1820), engl. Diplomat 78ff.
Maria II. Stuart (1662–94), engl. Kgin. 36
Marie (1723–72), Tochter der Kgin. Caroline 48
Marie (1776–1857), Tochter der Kgin. Charlotte 66
Marie v. Hessen-Kassel (1802–88), Schwägerin der Kgin. Adelheid 108
Melbourne, Lord William Lamb (1789–1841), brit. Premiermin. (1835–41) 114
Montagu, Lady Mary (1689–1762), engl. Reiseschriftstellerin 46
Montalbano, Nicolò de († 1695), mutmaßl. Mörder Künigsmarcks 28

Napoleon Bonaparte (1769–1821), Ks. der Franzosen 71, 76, 86, 90, 98f.
Neitschütz, Magdalena Sybille v. (1675–94), Mätresse Johann Georgs IV. v. Sachsen 38

Octavius (1779–83), Sohn der Kgin. Charlotte 66

Paxton, Sir Joseph (1803–65), brit. Architekt 120

Pergami, Bartolomeo (1783/84–1842), mutmaßl. Liebhaber Carolines 89ff., 92f., 95
Pole, Kapitän 81

Raleigh, Sir Walter (um 1552–1618), engl. Seefahrer 49
Rébeur, Jean Philippe, Erzieher Friedrich Wilhelms I. 40

Schulenburg, Melusine v. der (1667–1743), Mätresse Georgs I. 20, 23
Scott, Sarah (1720–95), engl. Schriftstellerin 64
Siemens, Werner v. (1816–92), Begründer der Elektrotechnik 120
Smith, Sir Sidney (1746–1840), engl. Admiral 86f.
Sophie v. Hannover (1630–1714) „Erbin Englands" 8ff., 14ff., 21, 25, 31, 41ff., 44f.
Sophie (1777–1848), Tochter der Kgin. Charlotte 66
Sophie Charlotte v. Hannover (1668–1705), Tochter Sophies, preuß. Kgin., Gem. Friedrichs I. 11, 21, 39ff., 43
Sophie Dorothea v. Celle (1666–1726), „Przin. v. Ahlden", gesch. Gem. Georg Ludwigs v. Braunschweig-Lüneburg (Georg I.) 12–33, 41
Sophie Dorothea v. Hannover (1687–1757), Tochter der „Przin. v. Ahlden", preuß. Kgin., Gem. Friedrich Wilhelms I. 20, 31f., 41f., 45, 50
Stockmar, Friedrich Christian v. (1778–1863), Arzt u. Politiker 58

Taylor, Sir Herbert, Sekretär der Kgin. Charlotte 73

Victoire (Victoria) v. Sachsen-Coburg, Hzgin. v. Kent, Mutter der Kgin. Victoria 73, 102, 111f., 124
Victoria (1819–1901), Kgin. v. Großbrit., Ksin. v. Indien 11, 66, 73, 102f., 108f., 110–132
Victoria (1840–1901), „Vicky", Tochter der Kgin. Victoria, Gem. Friedrichs III. 117, 121ff., 127ff., 130f.
Voltaire (1694–1778, eigentl. François-Marie Arouet), franz. Philosoph 50, 55

Walburga „Wally" Gräfin v. Hohenthal (1829–1929), Hofdame Vickys 122
Walpole, Lord Horace (1717–97), Sohn des Premiermin. 58, 63f.
Walpole, Robert (1676–1745), 1. engl. Premiermin. 48f.
Washington, George (1732–99), 1. US-Präsident 71
Wilhelm August (1721–65), Sohn der Kgin. Caroline 48
Wilhelm Friedrich (1685–1723), Mgf. v. Ansbach (1703), Bruder der Kgin. Caroline 37f., 40
Wilhelm III. v. Oranien (1650–1702), engl. Kg., Gem. v. Maria II. Stuart 36
Wilhelm IV. (1765–1837), engl. Kg. (1830), Gem. der Adelheid v. Sachsen-Meiningen 66, 72, 96f., 99, 101ff., 106f., 109, 112ff.
Wilhelm I. (1797–1888), Kg. v. Preußen, dt. Ks. (1871) 120, 128, 130
Wilhelm II. (1859–1941), dt. Ks. (1888–1918), Enkel der Kgin. Victoria 123, 130ff.
Wilhelmine v. Bayreuth (1709–58), Schwester Friedrichs des Großen 32, 45f., 50
Winckelmann, Johann Joachim (1717–68), dt. Archäologe 55

Ziesensis, Johann Georg (1716–76), Maler 63

Orte

Adelaide 97
Afrika 59, 129
Ahlden, Schloss 12f., 29f., 32f., 45
Akkon 86
Altenstein, Schloss 98, 102, 108
Ansbach 35, 36ff. 40, 42
Athen 90
Australien 129

Bad Iburg 16f.
Balmoral, Schloss 119, 121, 126
Bayreuth 36
Bentley Kloster/Stanmore 108f.
Berlin 32, 38, 40f., 46, 50, 120ff.
Blackheath 83, 85
Böhmen 10
Bonn 115
Boston 71
Brighton 82
Brandenburg 36
Braunschweig 75, 79, 82, 89, 95
Buckingham Palace 113, 116, 124, 126, 129
Bushy Park 104, 107f.

Calais 100
Cannes 129
Carlton House 82f.
Celle 13, 17ff., 20, 27, 33, 51
Charlottenburg, Schloss 39
Clarence House 104
Coburg 115f.
Crailsheim 37f.
Cuxhaven 80

Dover 101
Dresden 27, 29, 38

Eisenach 37f.
Elba 90
Elisabethenburg, Schloss 97f., 99

Florenz 44
Franken 36
Frankreich 128
Frogmore 125, 132
Funchal 108

Genua 90
Greewich Park 83

Halle 44
Hannover 10, 12, 17, 20, 24, 26ff. 31ff., 39, 41, 43ff., 49f., 67, 79, 102
Harwich 63
Heidelberg 14f.
Heiliges Land 90
Herford 57
Herrenhausen 9, 43f., 46
Hyde Park, London 120

Indien 122, 129
Irland 125, 130
Isle of Wight 118
Istanbul 46
Italien 13f., 89ff.

Kanada 129
Karthago 90
Kensington Palace 111ff.
Kew 48, 65ff., 73, 100
Kulmbach 36

La Valetta 108
Leicester House 47f.
Leineschloss Hannover 16, 20f., 26f., 33, 41, 43, 46, 61, 102
Linsburg, Schloss 25
Litzenburg, Schloss s. Charlottenburg
London 35, 44f., 47, 50, 53, 58ff., 63, 67, 88f., 99, 101f., 104, 106, 108, 116, 119ff., 123, 132

Madeira 108
Malta 108
Meiningen 97f., 100f., 105f., 108
Mirow 52ff., 56ff., 60, 63, 66, 73
Montagu House 83ff., 88

Neufundland 120

Neustrelitz 54, 56, 60f., 63
Niederlande 10, 79

Osborne, Schloss 118, 126, 131f.
Osnabrück 33

Paris 30
Pesaro 91
Philippsburg 19
Prag 10
Pretzsch, Schloss 38
Preußen 35f., 120

Richmond Lodge 48
Richmond Park 65
Rom 44

Schwerin 56
Sizilien 80
Stade 61f., 95
St. George's Chapel/Windsor 73, 107, 109
St. James Palace/London 46f., 60, 64, 66, 80f., 104, 116, 122
Strelitz 56

Texel 79
Trafalgar 71
Tunis 90

Venedig 13,27,44
Versailles 130

Weimar 98, 109
Westminster Abbey 49, 51, 65, 74, 94, 104, 114, 129
Windsor, Schloss 72, 88, 93, 95, 103f., 107, 109, 113, 118, 122, 124, 125, 132

Bildnachweis

akg-images: S. 8, 12, 74, 110
akg-images | De Agostini Pict. Lib.: S. 34
ullstein bild | Imagno: S. 52
ullstein bild | The Granger Collection: S. 96

Stammtafel Sophie von Hannover

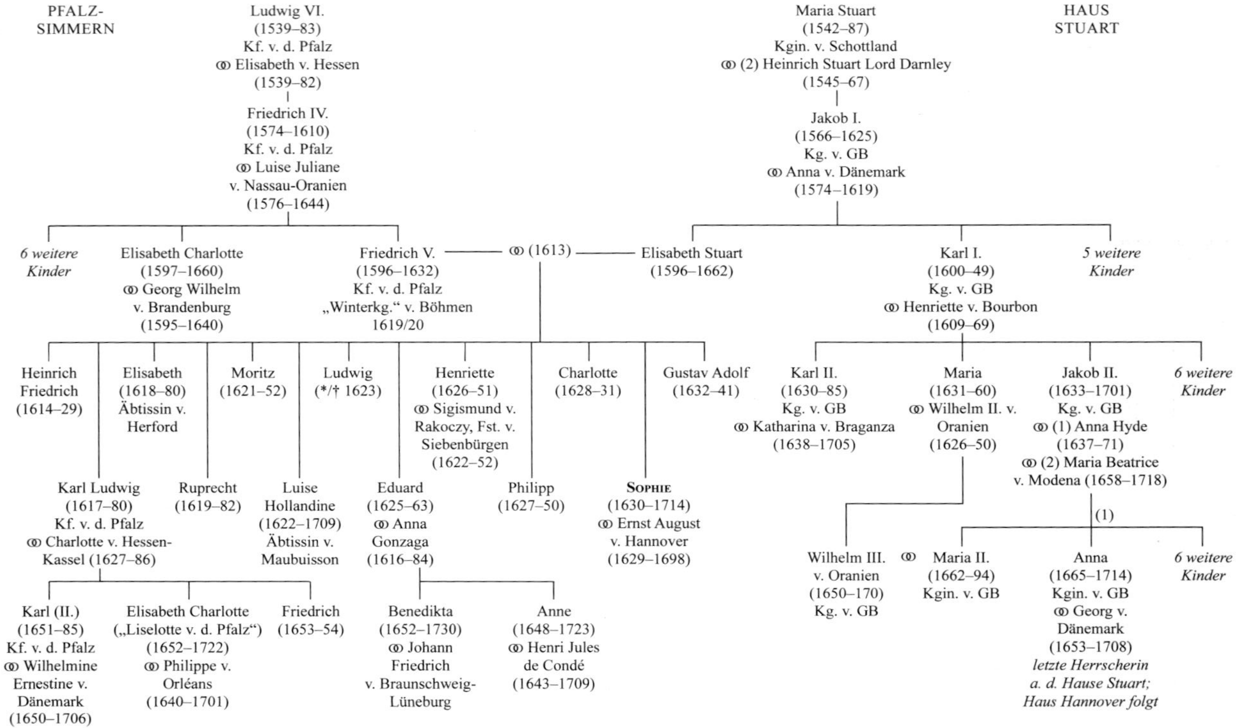

Das Haus Hannover und das preußische Königshaus

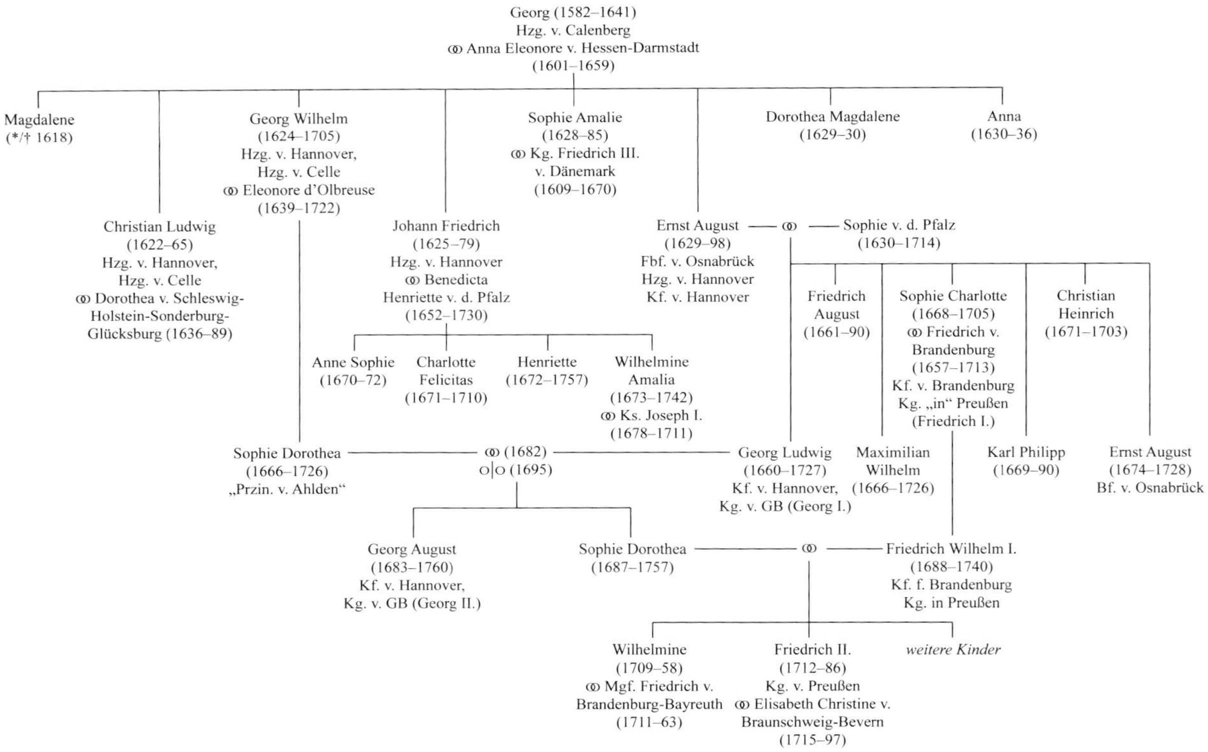

Stammtafel Sophie Dorothea von Celle

- Georg Wilhelm (1624–1705) Hzg. ⚭ Eleonore d'Olbreuse (1639–1722)
- Ernst August v. Braunschweig-Lüneburg (1629–1698) Kfst. v. Hannover ⚭ Sophie (1630–1714) T. v. Kfst. Friedrich V. v. d. Pfalz u. Elisabeth Stuart

- Sophie Dorothea (1666–1726) „Przin. v. Ahlden“ ⚭ (1682; o|o 1694) Georg Ludwig (1660–1727) Kf. v. Hannover, seit 1714 als Georg I. Kg.v. GB
  - Georg August (1683–1760) Kfst. v. Hannover, seit 1727 als Georg II. Kg. v. GB ⚭ Caroline v. Ansbach-Bayreuth (1683–1737)
  - **Sophie Dorothea** (1687–1757) ⚭ (1706) Friedrich Wilhelm I. (1688–1740) Kg. in Preußen (1713)
    - Friedrich (1707–1708) Prz. v. Oranien
    - Wilhelmine (1709–1758) ⚭ Mgf. Friedrich v. Brandenburg-Bayreuth (1711–1763)
    - Friedrich Wilhelm (1710–1711) Prz. v. Oranien
    - Friedrich (II.) (1712–1786) Kg. v. Preußen ⚭ Elisabeth Christine v. Braunschweig-Bevern (1715–1797)
    - Charlotte (1713–1714)
    - Friederike Luise (1714–1784) ⚭ Mgf. Karl Wilhelm v. Brandenburg-Ansbach (1712–1757)
    - Charlotte (1716–1801) ⚭ Karl I. (1713–1780) Hzg. v. Braunschweig-Wolfenbüttel
    - Karl (1717–1719)
    - Sophie (1719–1765) ⚭ Mgf. Friedrich Wilhelm v. Brandenburg-Schwedt (1700–1771)
    - Luise Ulrike (1720–1782) ⚭ Adolf Friedrich (1710–1771) Kg. v. Schweden
    - August Wilhelm (1722–1758) ⚭ Luise v. Braunschweig-Bevern (1722–1780)
    - Anna Amalie (1723–1787) Äbtissin v. Quedlinburg
    - Heinrich (1726–1802) ⚭ Lgfin. Wilhelmine v. Hessen-Kassel (1726–1808)
    - Ferdinand (1730–1813) ⚭ Mgfin. Luise v. Brandenburg-Schwedt (1738–1820)

Stammtafel Caroline von Brandenburg-Ansbach

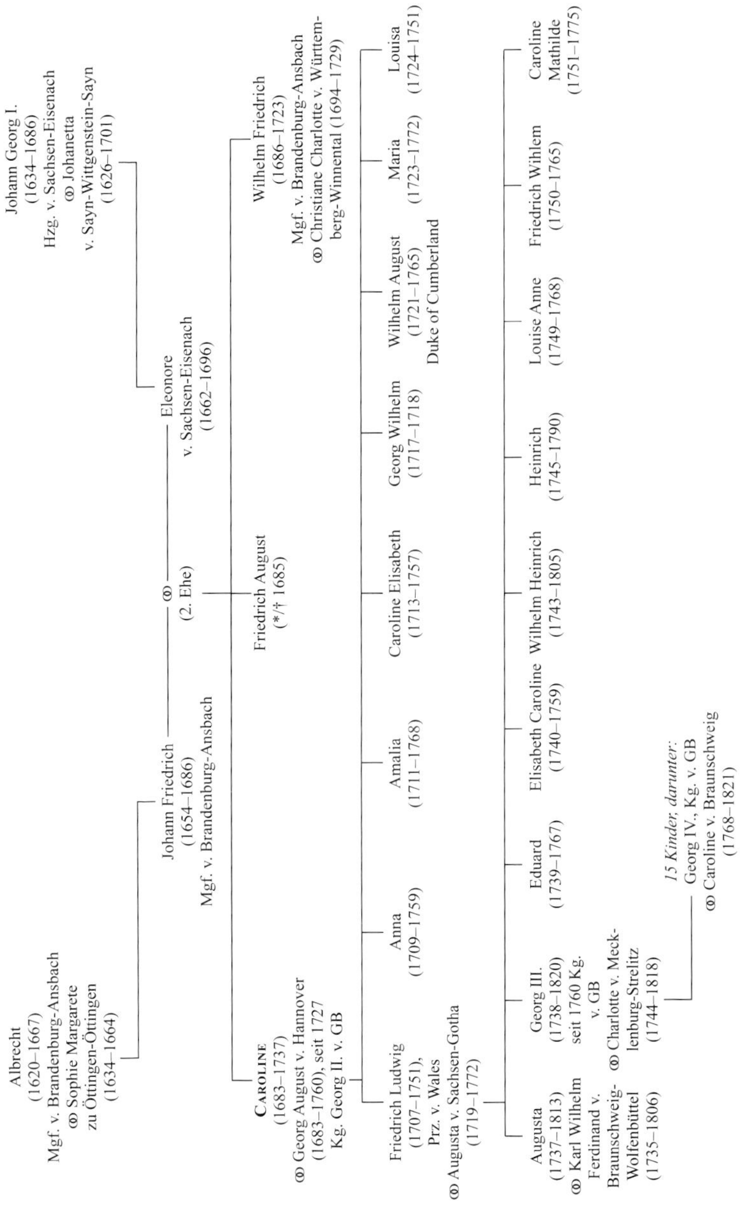

Stammtafel Sophie Charlotte von Mecklenburg-Strelitz

- Adolf Friedrich II. (1658–1708) Hzg. v. Mecklenburg-Strelitz ⚭ (3. Ehe) Christiane v. Schwarzburg-Sondershausen (1681–1751)
  - Sophie Christine Louise (1706–1708)
  - Carl Ludwig Friedrich (1708–1752) Prz. v. Mirow ⚭ Elisabeth Albertine v. Sachsen-Hildburghausen (1713–1761)
    - Christiane (1735–1794)
    - Adolf Friedrich IV. (1738–1794) Hzg. v. Mecklenburg-Strelitz
    - Carl II. (1741–1816) Hzg. v. Mecklenburg-Strelitz ⚭ (1) Friederike v. Hessen-Darmstadt (1752–1782) ⚭ (2) Charlotte v. Hessen-Darmstadt (1755–1785)
    - Ernst (1742–1814)
    - **Sophie Charlotte** (1744–1818) ⚭ (1761) Georg III. (1738–1820) ab 1760 Kg. v. GB
      - Georg IV. (1762–1830) Kg. v. Hannover Kg. v. Großbritannien ⚭ Caroline v. Braunschweig-Wolfenbüttel (1768–1821)
      - Friedrich August (1763–1827)
      - Wilhelm IV. (1765–1837) Kg. v. Hannover Kg. v. Großbritannien ⚭ Adelheid v. Sachsen-Meiningen (1792–1849)
      - Charlotte Auguste (1766–1828)
      - Eduard (1767–1820) Hg. v. Kent ⚭ Louise Victoire v. Sachsen-Coburg-Saalfeld (1786–1861)
      - *10 weitere Kinder:*
        Augusta Sophia (1768–1840)
        Elisabeth (1770–1840)
        Ernst August (1771–1851), Kg. v. Hann.
        August Friedrich (1773–1843)
        Adolf Friedrich (1774–1850)
        Maria (1776–1857)
        Sophia (1777–1848)
        Octavius (1779–83)
        Alfred (1780–82)
        Amalia (1783–1810)
    - Georg August (1748–1785)

Stammtafel Caroline von Braunschweig

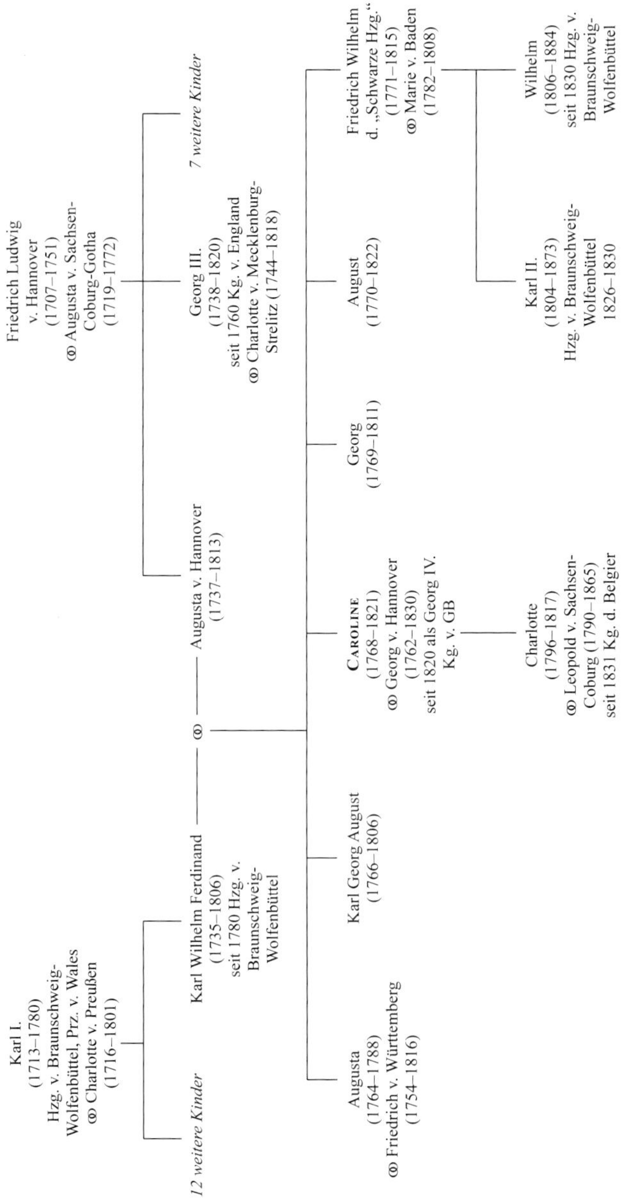

Stammtafel Adelheid von Sachsen-Meiningen

Bernhard I., Hzg. v.
Sachsen-Meiningen
(1649–1706)
⚭
Elisabeth Eleonore v.
Braunschweig-Wolfenbüttel
(1658–1729)

Anton Ulrich, Hzg. v.
Sachsen-Meiningen
(1687–1763)
⚭
Charlotte Amalie v.
Hessen-Philippstal
(1730–1801)

Christian Albrecht
zu Hohenlohe-Langenburg
(1726–1789)
⚭
Caroline
zu Stolberg-Gedern
(1731–1796)

Georg I., Hzg. v.
Sachsen-Meiningen
(1761–1803)
⚭
Luise Eleonore
zu Hohenlohe-Langenburg
(1763–1837)

**Adelheid
v. Sachsen-Meiningen**
(1792–1849)
⚭ (1818) Wilhelm IV.
(1765–1837)
ab 1830 Kg. v. GB

Ida
(1794–1852)
⚭ Karl Bernhard
(1792–1862)
Hzg. v. Sachsen-
Weimar-Eisenach

Bernhard II., Hzg.
v. Sachsen-Meiningen
(1800–1882)
⚭ Marie
v. Hessen-Kassel
(1804–1888)

Charlotte
Augusta Louisa
(*/† 1819)

Elisabeth
Georgina
Adelaide
(1820–1821)

Zwillinge
(*/† 1822)

Zwillinge
(*/† 1824)

Stammtafel Victoria

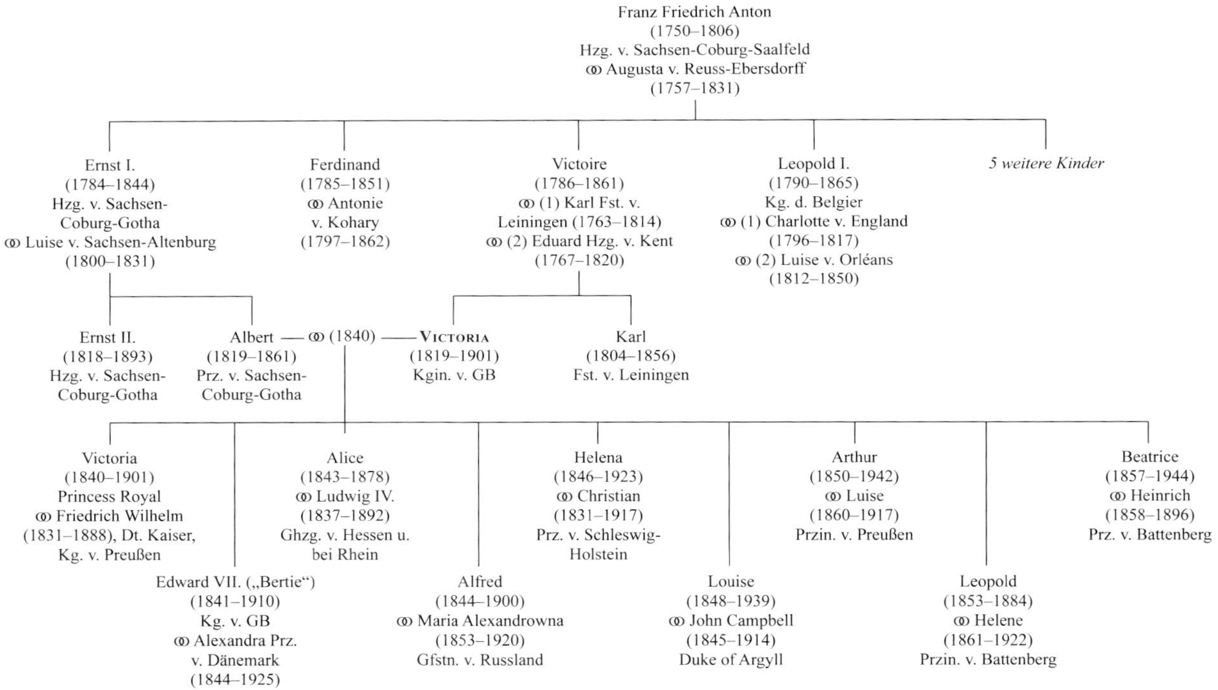